VENUS À CONFESSE

OU

Lettres d'une Comédienne retirée du Spectacle a une de ses Amies.

PREMIERE PARTIE.

Fabula narrari creditur, historia est.

EN PHRIGIE,

Chez ESOPE, à l'Enseigne de la Vérité.

MDCCLI.

AVIS

La premiere idée de l'Auteur de
ces Lettres, étoit de les donner pério-
diquement, une, ou deux chaque Se-
maine, ainsi qu'il paroit par la premiere; mais l'Editeur jugeant que cela
pourroit être trop long, a préféré de
les publier par parties, & tous les
quinze Jours ne se réservant que le
tems de les transcrire.

VENUS

À

CONFESSE,

OU

Lettres d'une Comédienne retirée du Spectacle, à une de ses Amies.

LETTRE I.

SOngés vous bien, ma chere Amie, à ce que vous éxigés de ma complaisance, & ce qu'il en doit coûter à mon amour propre, de vous retracer

A 2   mes

mes égaremens paſſés, pour les tranſmettre au public; car je n'en doute point, c'eſt là votre deſſein, & c qui peut autori-ſer votre prétenduë curioſité. Née au milieu du tourbillon comique, ſans en avoir con-tracté les vices, que vous ne connoiſſés, que parce-qu'ils vous ont plus d'une fois frapée dans les objets qui vous envi-ronnent; vous penſés qu'il ne peut y avoir de meilleure in-ſtruction que les aveux & la confeſſion d'une perſonne, qui plus que tout autre, a donné dans tous les travers qui ſem-blent malheureuſement atta-chés à la profeſſion théatrale; mais qui n'en ſont cependant

pas

pas une suitte auffi nécessaire
que le vulgaire l'imagine ; vous
en êtes une exemple frapant.

On eft au Spectacle tout ce
que l'on veut être ; ni plus, ni
moins que dans le monde, j'en
apelle le Public à témoin ; il
fçait bien diftinguer ceux &
celles qui veulent fe diftinguer
eux-mêmes.

Je confens donc à vous faire
part de tout ce qui peut m'ê-
tre arrivé, & je vous laiffe en-
tierement la maitreffe d'en ré-
galer le public, fi vous croyés
qu'il puiffe s'en amufer ; d'autant mieux que je ferai bien aife de lui communiquer certai-
nes idées qui me font venuës
en differentes occafions, & de

A 3   lui

lui dire un peu ſes verités à mon tour , après avoir été ſi long-tems l'objet de ſa bonne, ou mauvaiſe critique.

Soyés donc mon Editrice, mais j'attens de votre amitié, & de vôtre prudence, que ce ſoit avec tous les ménagemens poſ-ſibles , & des corrections judi-cieuſes ſur bien des choſes que je n'écris que pour vous , & qui pourroient me déceler.

Retirée depuis trois ans du Spectacle, & mariée dans une petite Ville, où le *Béguelifme* eſt à ſon plus haut point, j'ai des meſures à garder vis-à-vis d'un tas de femmes, jalouſes de quelques avantages naturels & acquis que j'ai ſur elles, qui ne

de-

demanderoient pas mieux que
d'avoir prife fur moi. Je per-
drois tout-à-coup l'eftime de
mes Concitoyens ; car vous fça-
vés les préjugés du Peuple contre les Gens de Théatre ; &
tout eft P uple dans notre il-
luftre Cité ; jugés fi j'aurois à
me loüer de la charité de nos
Dames? *Une Comédienne! di-
roit-on, une Comédienne figu-
rer avec nous ! aller de pair a-
vec Madame l'Eluë, Madame
la Confule, Madame l'Affeffrice!
hé fi! fi! M. N**. fe moque t-il
de nous ; où a-t-il été pêcher une
femme de cette forte? He fi donc
encore une fois, une Comédienne!
cela peut-il fe fuporter?* Jugés
ce que j'aurois à répondre.

A 4   Pour

Pour vous donner une idée de notre Ville, je veux vous tranfcrire les adieux que vient de lui faire une jeune Poëte.

Triftes, funeftes bords que la Charante arrofe,
 Sejour digne de gens qui n'ont ni feu ni lieu,
Toi dont on peut en bien dire fi peu de chofe,
 S **, c'eft a ce coup que je te dis adieu.

Adieu donc pour jamais ville afreufe & maudite,
 Où règne également la Sotife & l'orgueil,
Où l'ignorant décide, où l'efprit, le mérite
 Vivent dans le mépris fans nom & fans accueil.

Plongés par la nature au fein de l'ignorance,
 Tes Citoyens groffiers fans inftinct & fans goût,
N'ont de l'humanité qu'une vaine aparence;
 Que font ils donc au monde? ils végétent, c'eft tout.

La probité ches toi n'eft qu'un titre infidelle
 Pour mentir, pour tromper avec impunité;
Et la tendre amitié cette union fi belle,
 N'y fert que de prétexte a la duplicité.

Ton Sexe plus qu'ailleurs inconftant & volage
 Dans fes goûts, quelsqu'ils foient, eft bizare, quinteux;
Ce qui lui fembla hier digne de fon fufrage,
 Lui paroit aujourd'hui méprifable, honteux.

Quel

Quel funeſte pouvoir enchaînoit donc mon ame !
Quels charmes ont donc pû m'arrêter ſi long-tems!
Amour, ah ! je triomphe a la fin de ta flame,
Et recouvre en portant ma raiſon & mes ſens.

Ces Vers ſont aſſés envenimés, & ſentent bien l'amant piqué, mais ils ſont très vrais: revenons à notre ouvrage.

Un autre article encore me paroit exiger quelques corrections ; ce ſont les vérités un peu trop dures qui pourront m'échaper ſur le Spectacle, & ſur mes anciens Camarades, parce que je ſçai, comme je l'ai déja dit que c'eſt à vous ſeule que j'écris ; mais ce qui pourroit paſſer de vous à moi, devenant public, ſeroit une trahiſon à l'égard des autres Filles de Théatre, dont mes confeſ-

A 5

ſions

fions démafqueroient la ma-
nœuvre, & mettroient l s jeunes Gens en garde contre la
féduction de leurs charmes :
c'eſt donc à votre prudence à
donner de juſtes bornes à mes
critiques.

Autre reflection ; car il faut
penſer à tout avant de s'engager à rien. Vous me deman-
dés, ma chere & bonne amie,
bien de l'ouvrage à la fois ; je
ne fuis pas autre que vous m'a-
vés connue, toujours pareſſeu-
fe ; n'y auroit-il pas moyen de
nous confilier, & d'accorder
votre curiofité avec ma pareſſe.
J'avois imaginé un bon moyen
de contenter l'une & l'autre ,
je fuis preſque fûre d'y voir
accé-

accéder votre Libraire, s'il eſt vrai que j'aye deviné juſte, en penſant que vous voulés me rendre publique... Je veux dire mon hiſtoire: ce ſeroit que vous euſſiés la bonté en votre particulier de vous contenter de recevoir chaque ordinaire, autant de mes avantures qu'en pourra contenir une Lettre des plus complettes, pareille à celle-ci; cela me paroit bien raiſonnable, & formera une eſpece de feuille périodique facile à laiſſer-là, ſi le public ne la goûte pas; aulieu qu'en vérité, je ne me conſolerois jamais de m'être donné la peine d'écrire un Volume entier, s'il venoit enſuite à être negligé.........

Ah!

Ah! ma Bonne, pardon ſi je vous quitte, mais mon Mari m'apelle, & je vais en viſite, chés une Dame de condition de notre Ville, que je crois, (ſoit dit ſous le ſceau de la Con-feſſion,) une des plus franches Bégueules de l'Univers : je ſçau-rai peut-être que vous en dire quelque jour.

Ah, ah, ah, ah, ah, ah... vous entendés mes éclats de rire, il faut ma chere vous en faire part, tout en arrivant, & vous conter une ſinguliere a-vanture... Vous ne la devine-riés jamais. Je ſors de chés Madame de B***. cette Fem-me me paroit toujours plus o-dieuſe la derniere fois que je la

vois,

vois, & aujourd'hui fur - tout
que je viens de la démafquer.
Me. de B** eft une de ces figures
qui n'ont jamais fait rien dire,
& qui pour s'en dédommager,
ont affiché la pruderie & le
Bégueulifme : deplus elle fe pi-
que de Noblefle antique , &
prétend des égards de tout le
monde, en vertu de fes vieux
Parchemins , *Nourriture des
Rats*. Je fuis efpiegle , & le
ferai toujours ; je n'ai donc pas
de plus grand plaifir que de
mortifier fa vanité , par des ou-
blis affectés des moindres bien-
féances : quoiqu'il en foit voila
mes Acteurs connus, paffons à
la Piece.

Sous pretexte d'empreffe-
ment

ment à l'embraſſer, je me ſuis à mon ordinaire diſpenſée de me faire annoncer, & j'ai volé à ſon Cabinet dont la porte étoit fermée. Quelques paroles entre-coupées que j'ai entenduës ont excité ma curioſité, j'ai prêté l'oreille : *Finiſſés donc*, diſoit-on, *finiſſés Chevalier, mon Dieu que vous êtes badin, voilà un vilain Livre, ah ! finiſſés donc, vous me mettés toute en feu.* Le ſilence a ſuccédé, mais comme je ne me ſuis pas cruë en droit de garder les Manteaux en cachette, j'ai pris le parti de fraper : jugés quel dérangement j'ai dû cauſer. On s'eſt remiſe cependant, & feignant de s'éveiller, la vénéra-

ble

ble & difcrette Dame m'a ouvert , & je l'ai embraffée la
priant d'excufer l'importunité
de ma vifite qui troubloit fon
repos , & condamnant l'invifi-
bilité de tous fes Gens qui n'a-
voient pas parû, pour me pouvoir annoncer. On m'a par-
donné. Mes yeux cependant
cherchoient ce que pouvoit ê-
tre devenu le Chevalier, mais
rien ne paroiffoit qu'un rideau
vert qui fembloit couvrir des
livres. Nous nous étions af-
fifes cependant , & tout en
parlant j'ai porté la main fur
un livre qui étoit devant elle;
c'étoit un traitté de morale
chrétienne. Excellent livre m'a-
t-elle dit , excellente lecture !

voila

voilà à quoi je confacre mes
momens de loifir ; bien éloi-
gnée de l'ufage ordinaires. De
bien des femmes qui ne s'oc-
cupent que de lectures frivoles
& inutiles. . . Elles a fait là-
deffus une fortie furieufe fur
les Romans & fur les Comé-
dies , à laquelle je me difpo-
fois à répondre lorfque fon
Cordonnier eft venu lui apor-
ter des Mules neuves , elle
s'eft levée précipitamment, &
paffant dans fa Chambre pour
les effayer , elle a laiffé fur fa
chaife le livre qu'il commen-
toient à mon arrivée, & qu'elle n'avoit pas eu le tems de
mieux cacher: c'étoit l'Ar**,
& figures. Je l'ai pris , & l'ouvrant,

vrant, j'ai écrit ces mots fur la premiere page : *Excellente lecture, morale excellente, qu'explique à merveilles le Chevalier*, après quoi je fuis fortie, en lui tirant fimplement ma réverence en paffant, fans lui mot dire.

Après une pareille malice, vous jugés aifément que me voilà irréconciliablement brouillée avec cette Femme, tant mieux, c'eft autant d'ennui d'épargné, auffi-bien ne la voyois-je que pour complaire à mon Mari. Que penfés vous de mon Avanture, ma chere Amie ? Cela m'a rapellé ces fortes de Femmes, qui ne s'imaginent pas qu'on put les

croi-

croire honnêtes, fi elles manquoient de relever foit en converfation, foit au Spectacle,
la moindre équivoque, le moindre mot douteux, dont elles
fe gardent pourtant bien de
rougir ; eh Mefdames, jufques
à quand vous ferés vous à vous-
mêmes contraires, & vous tra-
hirés vous par ces grimaces
affectées, fous lefquelles vous
penfés vous cacher ; mais qui
font connoitre à tout le monde que vous n'entendés que
trop bien, ce que pour votre
honneur, vous devriés feindre
d'ignorer. La véritable Vertu
ne fçait point foûrire fous fon
évantail, fon contentement,
ou fon indignation fe mon-
trent

trent toûjours à découvert;
sans murmure, sans plainte aucune, elle s'interdit à elle-mê-
me les occasions où elle pense
qu'on la pourra faire rougir,
telle est sa conduite ; mais entendre des Femmes clabauder
contre un Ouvrage, où la lasci-
veté d'une Actrice, & les voir
cependant retourner en foule
au même Spectacle, ce sont
là de ces contrariétés qu'il
m'est impossible de concilier,
& auxquelles je ne me ferai
jamais.

Je devois depuis long-tems
cette bordée au Bégueulisme,
& je suis ravie d'avoir l'occasion de rendre mes sentimens
publics à cette occasion, &

B 2 de

de corriger, s'il eſt poſſible,
mon Sexe d'une fauſſe vertu;
il en eſt tant de véritables à
acquerir, ſans s'en former de
chimériques: en un mot, ſans
vouloir autoriſer les Auteurs
dans les licences qu'ils ſe don-
nent, je voudrois que les Dames adoptaſſent la Deviſe An-
gloiſe: *Honi ſoit qui mal y
penſe*, & ſe permiſſent de rire
ſans aucune affectation, lorſque les Hommes rient; je
croirois, moi qui ſonde quel-
que-fois dans le Cœur Humain,
que ce ſeroit un moyen de
mortifier un peu ceux-ci, qui
ne ſemblent affecter de regar-
der les Dames, & de rire encore plus fort dans ces endroits

droits qu'afin de les embarraſſer
d'avantage. Il eſt dans ces occa-
ſions des modelles que je pourrois citer, mais que les Dames ſe regardent entre elles,
elles diſcerneront bientôt à leur
parfaite tranquilité ces exem-
ples que je leur propoſe. A-
dieu ma cher Amie, ma feuille eſt pleine, il ne me reſte
qu'autant de plaee qu'il m'en
faut pour vous aſſurer que je
vous aime toûjours, & vous
prier de me croire, au-delà
toute expreſſion.

Votre très - humble &
très-obéïſſante, &c.

*A S*** ce 15*
Mars 1751.

B 3   LET-

LETTRE II.

JE vais donc ma chere Amie, travailler à vous contenter, mais comme mon Ouvrage n'eſt pas pour vous ſeule, je crois qu'il ne ſera pas hors de propos avant d'entrer en matiere, de me faire un peu connoitre du Public, afin de l'interreſſer en ma faveur; c'eſt du moins le ſentiment du célébre Mr. STEELE dans ſon Spectateur: *J'ai*, dit-il, *obſervé qu'on ne parcourt guéres un Livre avec plaiſir, à moins qu'on ne ſache ſi l'Auteur eſt noir ou blond, d'un*

na-

naturel doux ou bilieux, s'il est marié ou garçon, & telles autres particularités qui aident beaucoup à l'intelligence de ce qu'il écrit : pour m'accommoder à ce goût, je vais donc essayer de tracer mon Portrait ; vous en jugerés, vous qui me connoissés d'un bout à l'autre.

Fille du plus tendre amour qu'ait jamais couronné l'Hymen, la Nature m'a doüée d'une partie de ses avantages ; je suis, il est vrai, de Taille moyenne, mais bien prise, & si bien assortie à toutes les parties de mon Individu, qu'un peu plus où un peu moins me feroit très grand tort. En gé-

 néral

néral , je suis de ces petites Figures à la mode. Le Front ouvert, les Sourcils parfaitement arqués, de grands Yeux noirs à fleur de Tête, là de ces Yeux conquérans qui vont forcer les Cœurs jusques dans les retranchemens de la Misantropie, le Nés bien fait & Fripon, la Bouche vermeille, les Dents belles, le Menton arrondi, la Gorge parfaite, la Démarche aisée, le Pied mignon; enfin avec un peu plus d'embonpoint, j'aurois très bien pù dans mon tems, passer à la montre parmi nombre de Femmes à qui l'on donne le nom de Jolies, qu'en dites vous ma chere, ai-je menti? Voilà cher

Lec-

Lecteur, si vous joignés à tout
ce que je viens de vous dire,
un grand air de décence qui
m'a toûjours distinguée, voilà
un ébauche de la Laidron, dont
les avantures vous occuperont
par-ci par-là, si vous acceptés
l'offre qui vous en est faite. . .
Après cela, j'entre en matière,
me dispensant de vous crayon-
ner mon caractére qui se dé-
velopera assés par les faits, &
j'en Viens au recit de ma naisse-
sance, qui ne fut en vérité
précédée d'aucun de ces prodiges qui annoncent quelque fois
les Sujets extraordinaires ; je
méritois pourtant bien quelque
petite distinction, mais comme
c'est au hazard que je dois ma

 cé-

célébrité, il n'eſt pas étonnant que les Aſtres ayent été muets.

Je ſuis née dans la Ville de B**, de Parens qui faiſoient quelque figure dans le commerce. Le grand nombre d'Enfans qui compoſoient la famille de mon Pere, fit qu'on me deſtina au Cloître, où je fus enfermée dès l'âge de douze ans. Pourra-t-on le croire? C'eſt au fond de cet Aſile prétendu Sacré, que germerent dans mon cœur, ces ſemences de libertinage qui n'ont produit que trop de fruits par la ſuite.

Il y avoit un An que j'étois dans cette Retraitte, un petit air coquet m'annonçoit déjà; il me fit diſtinguer d'une Penſionnaire

ſionnaire nouvellement entrée dans la Maiſon. *Adélaïde*, c'é- ſon nom, étoit une Fille de dix-huit Ans qui venoit de ſou- frir un enlevement, pour lequel on l'avoit grillée, avec défen- ſe expreſſe de la laiſſer aller au Parloir, ſans ſurveillante. Comme j'avois toute liberté, elle crut qu'elle pourroit avoir beſoin de moi, pour renoüer avec ſon Amant, de-là l'étroi- te liaiſon qui fût bientôt entre nous.

Adelaïde dont je fus bientôt l'inſéparable, ſe conſoloit de ſon mieux avec quelques com- pagnes, du chagrin de ne pou- voir rejoindre ſon cher A- mant; rien de plus amoureux

que

que cette aimable Fille, rien de mieux inſtruit dans tout le petit manége de Cithere ; doit-on être ſurpris, ſi je dis après cela, que je fus bientôt initiée dans ſes menus miſtéres.

La compagnie d'Adelaïde étoit choiſie & peu nombreuſe, les Plaiſirs n'en étoient que plus vifs. Deux jeunes Kelligieuſes, & deux autres Penſionnaires la formoient ; j'achevai le Sixain, auſſitôt qu'on m'eut reconnuë capable de ſecret : nous en avions beſoin, nos converſations étoient des plus libertines, & nos actions n'étoient pas plus modeſtes ; c'étoit à qui ſe ſurpaſſeroit à inventer quelque nouvelle façon

çon de gouter nos petites vo-
luptés. . . mais c'eſt trop vous
arrêter ſur de pareilles minu-
ties.

Adelaïde m'ayant confié l'é-
tat de ſon Ame, & m'ayant
miſe dans ſes intérets, m'engagea de prendre une de ſes
Lettres, pour la faire ténir au
Chevalier de * * * ſon amant,
par le miniſtére de la ſervante
du logis, qui venoit régulié-
ment chaque ſemaine aprendre
de mes nouvelles, cela fut
bientôt fait & j'eus charge en-
ſuitte de le recevoir au Parloir, ou il me devoit demander, & là, de l'engager à tenter un nouvel enlevement,
pour la retirer d'une Priſon,

ou

ou elle étoit condamnée pour le reste de ses jours. Je me prêtai à tout, & me préparai à la visite du Chevalier qui ne manqua pas au jour nommé.

Je ne sçai dans quelle idée il me prit fantaisie de me parer ce jour là plus qu'a l'ordinaire, à moins que je n'en cherche la raison dans le fond d'un temperamment coquet qui se déclaroit chaque jour de plus en plus. Quoiqu'il en soit, j'étois avec Adelaïde, qui m'avoit fait la guerre sur ma parure, lorsqu'on vint m'avertir qu'un jeune Cavalier me demandoit au parloir, nous tressaillimes l'une & l'autre à cette annonce, & je volai au rendés vous,

vous, ayant eu foin cependant de ferrer auparavant la main de ma compagne, pour lui faire entendre par ce muet truchement, que j'allois travailler à fon contentement, & pour fes intérets; mais tout fut bientôt au contraire.

J'étois grande & fort avancée pour mon âge, faut-il s'en étonner? l'Amour émancipe de bonne heure les fujets qu'il deftine à l'ornement & au foutien de fon empire. Mon aparition furprit le Chevalier, il demeura muet, je perdis moi-même la parole; nos yeux feuls furent un inftant les Interpretes du trouble qui fe paffoit en nous: ce-

pendant

pendant comme le silence n'eſt
pas à ſa place dans un Parloir
de Réligieuſes , & que c'eſt
un état trop violent pour une
Femme , je le rompis la premiere. Mais toûjours plein du
même trouble , il m'adreſſa
toûjours perſonnellement ſes
réponſes , lorſque je lui parlois de mon Amie. Je n'eus
bientôt rien à lui reprocher , &
nous nous trouvames inſenſiblement en converſation reglée de
lui à moi , ſans que je puiſſe
dire encore aujourd'hui , comment cela ſe fit : il en réſulta
qu'en nous quittant, Adélaïde
n'avoit plus d'Amant. Nous ré-
ſolumes cependant de l'amuſer
pendant quelque tems , & pour

cet

cet effet je me chargai d'une Lettre qu'il lui avoit préparée, mais dont il me pria d'adopter toutes les expreſſions.

On peut juger avec quel empreſſement je fus reçuë, & avec quelle avidité la Lettre fût dévorée. Les termes m'en parûrent ſi tendres, & ſi bien répondre au feu qui commençoit à brûler mon Cœur, que je n'eus pas de peine à me les attribuer, comme le Chevalier me l'avoit recommandé, & feignant de la laiſſer ſavourer à long traits ſon bonheur, je me retirai dans ma Chambre pour ne m'occuper que de mon Amour.

On ne peut bien concevoir quels progrès cette Paſſion

 fait

fait fur le Cœur d'un jeune
Fille, & combien eft puiffante
fur fon imagination une fois é-
chauffée, la feule idée d'un ê-
tre mafculin ; j'en juge par
moi - même, puifque nous fom-
mes toutes pétries du même
Limon. Le feul afpect d'un
Chapeau, ou de quelqu'autres
nipes à l'ufage de l'Homme,
m'a toujours caufé une vive émotion ; c'étoit précifé-
ment le cas du Chevalier, &
tout ce qui m'avoit parlé en fa
faveur, car il n'étoit rien moins
que bel Homme ; mais enfin
c'étoit le premier Cavalier qui
m'eut trouvée Jolie, & qui
me l'eut dit, ne lui devois-je
pas du retour.

Il

Il y avoit déjà près de trois ans que j'étois dans mon Couvent, on commençoit à me preſſer de prendre le Voile ; jugés ſi j'y étois bien diſpoſée, parce que vous venés de lire : je pris occaſion de ces ſollicitations pour preſſer le Chevalier d'effectuer avec moi le projet d'enlevement qu'il avoit formé pour ma Compagne, mais lui-même à ſon tour, me preſſa de mettre auparavant le ſceau à ſon bonheur, & de lui donner un gage irrévocable de mon Amour. La propoſition n'étoit ſans doute pas récevable, mais le penchant combattant pour lui, le temperamment décida, que vous dirai-

je

je l'Amour eſt ingénieux , le Grillage ne nous oppoſa qu'un obſtacle impuiſſant , il fut ſatisfait , ſi tant eſt qu'on puiſſe l'être d'une façon auſſi hétéroclite.

Je le revis à deux jours delà , & me flattant d'une prochaine évaſion , il me pria de remettre à Adélaïde un billet qu'il me lût à ſon ordinaire , avant de le cachetter ; mais j'aperçus heureuſement une ſubſtitution de papier , dont je voulûs m'éclaircir auſſitôt qu'il fût parti ; Ainſi aulieu de courir promptement chés Adelaïde , je rentrai dans le Parloir, & décachettant le fatal Billet, j'y lûs avec horreur que j'avois été ſa dupe , & qu'il promet-

toit

toit à fa Maitreffe de venir le
foir même la prendre par-def-
fus les murailles du Jardin, où
il la conjuroit de fe rendre, a-
vec expreffe défenfe de m'en
rien communiquer. Je fus ou-
trée d'une pareille trahifon, &
n'écoutant que mon dépit, je
portai cette lettre à l'Abeffe,
après l'avoir recachettée, di-
fant qu'on m'en avoit chargée,
& que je venois favoir fi je ferois bien de la rendre. L'A-
beffe me fit compliment fur ma
difcretion, mais je fûs furprife,
après la Lecture qu'elle en fit
en ma préfence, de ne remar-
quer en elle aucune marque de
colére, ni même d'émotion, je
ne fçavois qu'en penfer, & j'al-
C 3

lai

lai y rêver dans le Jardin. Mais trop plein de la perfidie du Chevalier, mon esprit ne pût prendre aucune résolution, & je me rendis au Refectoire, au sortir duquel l'Abesse amena Adelaïde pour coucher dans sa Chambre, ce qui me fit naitre le dessein de me trouver en sa place au rendés-vous, & de me faire ainsi enlever. Tout me réüssit à merveilles, & sans être reconnuë, je me vis bientôt hors du Couvent, & courant à toute bride vers Paris. bon soir & bon voyage, dites-vous peut-être, je vous en fouhaite autant,

Et suis, &c.

*A S*** ce* 23 *Mars*
1751.

LET-

LETTRE III.

VOus avés vû ma chere A-
mie, de quelle maniere
je fuis fortie de mon Couvent.
Je ne doutois pas que je ne
fûffe entre les mains du Chevalier, & je me félicitois du
fuccès de ma rufe, lorfqu'en
arrivant au point du jour à la
premiere Ville, je fûs fort furprife de me trouver avec des
inconnus : cette nuit avoit é-
té deftinée à deux enlevemens,
dont aucun réüffit comme ils
avoient été projettès. Je ne
pûs m'empêcher de témoigner
mon étonnement, & de de-

man-

mander avec empreſſement où
étoit le Chevalier de ***, on
ne me répondoit rien, & l'on
me regardoit avec de grands
yeux hébêtés, qui ne m'inſtrui-
ſoient point de ce que je voulois ſçavoir. Nous étions dans
cette ſituation, lorſque nous
entendimes arriver deux Ca-
valiers au grand galop, qui
ne tarderent pas à paroitre
dans ma Chambre. Qu'avés-
vous fait malheureux, dit l'un
des deux à mon aſpect, eſt-ce-
là Mademoiſelle M... retirés
vous Marauts. Comment pour-
rai-je, me dit-il alors, Mademoiſelle, réparer la faute de
mes Gens, & par quel ha-
zard, vous trouvai-je entre
leurs

leurs mains. Je me promenois, lui répondis-je, dans nos Jardins, occupée de quelques tristes idées, lorsque je me suis sentie saisir. L'ombre de la nuit, la peur m'ont fait perdre connoissance, je me suis trouvée un moment après dans une Chaise; le reste s'est sans doute fait par vos ordres. Que je suis malheureux ! s'écria-t-il, je fais votre infortune, & perds en même tems mon bonheur. Oh, parbleu tu vas nous étourdir de tes Jérémiades dit son Ami, raisonnons bien plûtôt. Oh ça Mademoiselle, continua-t-il, en m'adressant la parole, vous voilà ici, quels sont vos desseins ? Voulés

lés vous retourner à votre Couvent? je n'en crois rien, tout involontaire qu'eft votre enlevement, on ne le croira pas tel; Je vais à Paris, ozés me fuivre, & vous confier à ma conduite, là vous choifirés telle Communauté qu'il vous plaira, & vous ferés votre paix plus aifément de loin que de près, en faifant un aveu naïf & fincére de la vérité, que je confens d'attefter ainfi que mon Ami, qui ne m'en dédira pas. Ce projet me parût raifonnable, il fut accepté, & nous partimes les uns pour Paris, les autres pour B. . .

J'oubliois de vous dire cependant que pour prévenir les in-

inconveniens, Sᴛ **, le Cavalier que je fuivois, jugea à propos de me traveſtir, & de déguifer mon Sexe, ce qui me conduifit à un accident que ma prudence n'avoit point prévû. L'Hotellerie où nous defcendîmes le foir, fe trouva fi remplie, qu'il n'y avoit qu'un Lit, que l'Hôteſſe nous pria de vouloir bien partager, ce difcours me furprit, mais d'un coup d'œil, mon Conducteur me fit figne de ne rien faire paroitre, j'obéïs. L'heure du coucher venuë, je ne fus pas peu étonnée de voir Sᴛ ** fe préparer à fuivre l'idée de l'Hôteſſe, & venir fe mettre à côté de moi, je voulus me relever, mais il fçût fi bien m'ama-

doüer

doüer de ses belles promesses,
que je le lui permis ; je vous
laisse à juger s'il en tint aucune. Quoiqu'il en soit nous arrivâmes à Paris, où je ne ju-
geai pas à propos de changer
si-tôt d'habillement, pour être
plus en sûreté contre les recher-
ches de mes Parens, vers les-
quels je ne me souciois pas de
retourner pour rentrer au Couvent ; la volupté m'enlevoit
pour jamais à leurs desseins.

Nous nous logeâmes dans le
voisinage de l'Opéra, ce qui
nous dispensoit de prendre de
Voiture pour y aller. Un jour,
comme nous en sortions, nous
nous trouvâmes séparés par la
foule, je ne m'en allarmai aucunement,

nement, & pris tranquillement le chemin du logis, mais le ciel en avoit autrement or- donné', je ne devois pas y coucher cette nuit.

En entrant dans la ruë du Chantre, je me vis racrochée par deux filles, qui à la clarté des lanternes me parurent aſſés jolies. Je les ſuivis, en franc étourdi, n'imaginant aucun danger, & croyant que j'al- lois me donner la comédie à leurs depens; je ne me trom- pois pas, mais elle fut d'une autre eſpèce que je ne l'atten- dois. Mes conductrices fra- pérent bientôt à une porte aſ- ſés aparente, un laquais ou- vrit, nous entrâmes, & je fus

intro-

introduite dans une falle pro-
prement meublée, où je reftai
feule quelques inftans. Livrée
à moi même, je commencai à
m'épouventer de mon entre-
prife, mille réflections m'affie-
gèrent, & fe heurtoient l'une
& l'autre avec tant de rapidité,
que je n'en pouvois diftinguer
aucune, mille imaginations ro-
manefques me pafferent par la
tête; enfin un grand Homme
noir fortant tout à coup d'un
cabinet, me furprit tellement
par fon aparition, que pleine
des images qui venoient de
m'occuper, je le pris pour
quelqu'enchanteur, & mis, en
nouvel Amadis, l'épée à la
main: m'auriés vous cruë capable

pable de tant de bravoure?
Surpris à son tour de mon
action, il se hâta de parler:
remettés me dit-il votre épée
Mr. je suis homme de paix:
cedant arma togæ. Et rendés
vous digne de la bonne fortune que je vous prépare.

Voici du Latin, ma Bonne;
du Latin sous ma plume, cela
doit vous paroître drôle, mais
il est de l'essance de mon
Histoire, cependant comme je
pourrai bien l'estropier, vous
me ferés la grace de le faire
rectifier, avant de le produire
au Public.

Le grand Homme noir Son-
na alors, & aussitôt on aporta
une table de deux couverts
fort

fort délicatement fervie. Pre-
venuë de ma première idée d'a-
vanture, & craignant quelqu'enchantement dans tout ce
que je voyois, je n'ofois prefque me livrer au plaifir de la
table, j'étois folle, mais rien
ne guerit de la peur. Cependant mon hôte qui voyoit à
peu près ce qui fe paffoit en
moi, fit tout ce qu'il pût pour
m'encourager, il s'informa qui
j'étois, depuis quand j'étois à
Paris, & où je demeurois. J'a-
vais trop de raifons de me cacher pour répondre claire-
ment; je battis la campagne,
il devina ma penfée, & ne me
preffa pas d'avantage fur ce
fujet.

Nous

Nous parvîmes enfin au def-
fert, le Domeftique qui nous
avoit fervis fe retira, & mon
homme noir prit la parole:
„ Vous ferés furpris me dit-il,
„ Monfieur, du fujet qui vous
„ a fait conduire ici, il eft
„ tems de vous en inftruire. Je
„ fuis le Pere le plus infortuné
„ qu'il y ait, & il ne dépend
„ peut-être que de vous de
„ terminer ma douleur. Je fuis
„ fameux Médecin, mon bien
„ eft aſſés confidérable, & je
„ n'ai pour héritiere qu'une
„ Fille unique & que j'aime
„ uniquement; mais cette Fil-
„ le malheureufe languit depuis
„ un An, elle eft nubile, la
„ Nature fe fait fentir, mais
„ mon cher Mr. *via eft an-*

D

„ *gufta,*

„ *gusta, & vix forata.* J'ai
„ usé de tous les remedes ima-
„ ginables, *ad aperiendum fo-*
„ *ramen & claustrum*, mais tout
„ a été inutile, ces ingrédiens
„ n'ont fait que la conduire à
„ des insomnies continuelles,
„ que vous dirai-je, *furore*
„ *uterino, & hysterico morbo*
„ *laborat*, & je ne vois que
„ trop, si vous n'avés pitié
„ d'elle & de moi, qu'il fau-
„ dra *eam dilatare.*

Je n'avois rien compris à son
Latin, on le pense aisément,
mais ne voulant pas faire connoitre mon ignorance, je lui
dis que j'étois surpris qu'il s'a-
dressât à moi, & qu'étant Médecin, il devoit sçavoir mieux
que personne ce qui conve-
noit

noit à fa Fille, ,, auffi le fais-
,, je très bien repliqua-t-il,
,, le vrai remede eft de la ma-
,, rier, & que *par pari jun-*
,, *gatur*, & je crois trouver
,, en vous cette parité mer-
,, veilleufe qui doit tirer ma
,, Fille d'affaire, & la rendre
,, à mes vœux empreffés. Vous
,, êtes le premier à tenter l'a-
,, vanture, puiffiés vous être
,, le dernier, & me faire de-
,, main embraffer un gendre.
,, Au refte fi l'épreuve ne réuf-
,, fit pas, je m'apuïe fur votre
,, difcretion; ne mettoit-il pas
,, fon fécret en bonnes mains.
Quoiqu'il en foit, une propofition fi nouvelle, & une a-
vanture fi finguliére me furprit

D 2

au

au point que je ne ſçavois preſque ſi je veillois ou ſi je dor-
mois, & que je doutai ſi l'on
ne ſe moquoit pas de moi, a-
près avoir reconnu mon Sexe;
mais ce vénérable Pere qui
cherchoit ſi chrétiennement un
remede aux Angoiſſes de ſa
Fille, ſe leva après ſon diſcours, & me prenant par la
main, il me conduiſit à l'Apartement de la Malade. Je trouvai une jeune Perſonne avec
des traits fort réguliers, & qui
ſembloient promettre une Beauté, mais dont les yeux étoient
obſcurcis, & preſque éteints
par une jauniſſe effroyable. Mon
aparition l'a ſurprit : ,, Tenés,
,, lui dit ſon Pere, en me
,, pré-

„ préfentant à elle, voilà un
„ Homme à fecrets que je vous
„ amène, il aura celui de vous
„ guérir, fi vous y confentés;
„ obéïffés lui en tout, & fai-
„ tes exactement tout ce qu'il
„ vous dira; bon foir mes En-
„ fans: Puis fermant la Porte,
„ il nous quitta. *Oh le bra-*
ve Pere! s'écrie ici l'Editeur,
l'*honnête Homme de Pere!* combien de jeunes Filles fouhai-
teroient en avoir un fembla-
ble.

Je me préparai auffitôt à me
coucher auprès d'elle, fuivant
l'ordonnance & l'intention du
bon Médecin; elle fit des difficultés, mais l'ayant raffûrée
fur mon Sexe, & inftruitte en

peu

peu de mots de mon avanture,
nous fumes, bientôt bonnes
amies. Je l'interrogeai à mon
tour fur fon état, & je compris
par fes réponfes ingénuës que
la force d'un tempéramment
prodigieux fe déclaroit chés
elle, & la réduifoit dans cet
état funefte. Le bon Homme
de Pere l'avoit deviné, elle a-
voit befoin de *Parité*, mais
non pas de mon efpece. Je la
confolai du mieux que je pûs,
en lui donnant autant qu'il fut
en moi une bonne leçon des
inftructions que j'avois moi
même recuës au couvent, & la
laiffai le lendemain, fi non
guérie, du moins dans les difpofitions de fe conduire par
de-

degrés à une entiére guéri-
son : m'auriés nous cruë si habile.

Le bon Homme de Pere ne
manqua pas de venir le matin
pour aprendre le succès de
son ordonnance, nous étions
plongées l'une & l'autre dans
les bras du sommeil ; quelle
fut sa surprise de ne trouver
que deux filles, ou il se flattoit de renconter un couple
parfait & content. Nous lui
rîmes l'une & l'autre au nés,
ce qui le déconcerta de plus
en plus ; mais je pris soin de
le rassurer en lui promettant
un secret inviolable. En-
fin j'eus la liberté de me lever, & la malade en fit au-

tant,

tant, nous dejeunâmes, & je les quittai, après m'être engagée de les voir fouvent, mais il en fut autrement ordonné.

St ** extrémement allarmé de mon abfence, avoit paffé la nuit entiére à me chercher, du moins il me le dit. Il fut furpris de mon avanture autant qu'on le peut-être, & la trouva fi particuliére qu'il la divulgua auffitôt, & la rendit publique. Je ne fçai fi on la crût alors mieux qu'on ne la croira aujourd'hui, car j'ôfe vous affurer qu'elle me paroit à moi même incroyable, pas même vraifemblable; elle m'eft pourtant arrivée au piéd

piéd de la Lettre... mais a-
dieu, je vais me repofer de
tant de fatigue.

Je fuis ma chere Amie, &c.

*A S*** ce 2 Avril
1751.*

 LET-

LETTRE IV.

IL y avoit environ trois mois que je vivois en toute liberté avec Sт ** & je commençois à m'apercevoir qu'il n'eſt point d'éternelles Amours : bien folles en effet celles qui s'imaginent pouvoir fixer l'inconſtance des Hommes, un tel pouvoir n'eſt pas ordinairement l'apanage des Filles de notre eſpece, que le Public déſigne du nom d'entretenuës. On nous prend, on nous tient par mode, par uſage, il eſt du bel air d'avoir une Fille à ſoi ; la célébrité en décide ordinairement,

ment, la plus quittée eſt la plus repriſe, on lui ſupoſe du mérite pour avoir captivé tant de cœurs, on la garde plus, ou moins, la fantaiſie parle à la fin pour une autre, & la belle eſt libre : tel eſt le maquignonage de Paris, tel eſt celui du Spectacle, comme je l'ai éprouvé par la ſuitte. J'attendois il eſt vrai un autre procédé de Sᴛ** à mon égard, vû les circonſtances de notre rencontre; j'avois tort, ma facilité m'avoit miſe au niveau des autres. Quoiqu'il en ſoit il ſe refroidiſſoit à mon égard, & j'en craignois les ſuittes; je n'avois pas encore cette expérience qui aprend l'art de ſe

de-

dédommager d'un infidelle ; dans les bras d'une nouvelle conquête.

Un jour que nous fortions des Thuilleries pour aller faire un tour aux Chams Elifées, ma mule tomba de mon piéd en montant en Caroffe, & me fut auffitôt préfentée par un jeune Cavalier, qui l'accompagna d'un compliment galant. St** étoit à quelques pas, occupé à parler à un inconnu qui venoit de l'aborder, il nous voyoit, & je craignois qu'il ne fe formalifa de notre converfation, car depuis quelque tems il faifoit le jaloux, fans doute pour couvrir fon jeu ; mais je fus agréablement

de-

détrompée ; mon ramasseur de mule se trouva de sa connoisce, ils s'embrasserent, & monterent ensemble dans la voiture. Je fus charmée de cette circonstance, sans trop savoir pourquoi, mon Cœur s'interressoit pour ce jeune Homme, il étoit sans doute écrit dans les tablettes du destin que nous devions nous être quelque chose l'un à l'autre, plût-à Dieu cependant que le contraire fut arrivé, nous n'aurions mutuellement rien à nous reprocher aujourd'hui... mais n'anticipons point sur les tems.

Notre promenade fut des plus gayes, le Sieur K***, c'est le nom de ce Cavalier, le Sieur

Sieur K*** dis-je, en fit tous les frais, il est naturellement tres amusant. Je le secondai de mon mieux, charmée sans doute de ce que Sr** en sa présence m'avoit honorée du nom de son épouse, ou plutôt envieuse peut-être de plaire à cette nouvelle connoissance, car qui peut bien connoitre & demêler les replis du Cœur d'une coquette, elle même bien souvent n'y connoit rien, c'est un ressort qui va machinalement à son but, sans trop savoir pour quoi, ni comment. Je n'épargnai point les minauderies, les œillades furent prudemment ménagées, mais semées plus habilement ; elles
ne

ne tombérent point en terre ingrate, les fruits en parûrent bientôt, & l'inconſtance de Sт** en prévenant la mienne, les mit à leur pleine naturité.

Depuis cette rencontre, dirai-je heureuſe ou non? Choiſiſſés, K*** devint fort aſſidu chés nous, ou en devine aiſément la cauſe. Je pris inſenſiblement goût à ſa converſation, la mienne ne lui déplut pas, nos Cœurs furent bientôt d'intelligence. Sт** me devint alors importun, quoiqu'il eut pour nous une complaiſance qui ne lui étoit pas ordinaire, & qui m'étonnoit d'autant plus que j'en ignorois la cauſe, en-

fin

fin je le trouvois bien souvent de trop, il falloit un prétexte pour nous délivrer de ce reste de gêne, le hasard y pourvût, & précipita nos desseins réci- proques.

Sᴛ** aimoit le jeu, & fré- quentoit trop régulierement les Hôtels de Gêvres & de Soissons pour que ses affaires n'en soufrissent pas à la fin quelque petit dérangement. Un jour que j'étois seule, oc- cupée de l'idée de K***, & des moyens de l'instruire que je n'étois point l'Epouse de son Ami ; il entra, & me sa- lüant contre son ordinaire du nom de *Mademoiselle*, il m'a- prit que Sᴛ** venoit lui- même

même de lui réveler ce secret ; en voici les circonstances telles qu'il me les répéta
dans le moment.

Mon prétendu Mari funeste-
ment attaché autour d'un Ta-
pis verd, venoit de perdre tout
ce qu'il avoit d'argent comp-
tant. Au desespoir de son infortune, il lui prit fantaisie
de faire ressource à mes dépens :

Dans un tems difficile il faut un peu s'aider.

Il pria son Ami qui l'accompagnoit, de se transporter au
logis, de m'attraper mes bou-
cles d'oreilles, de les aller vendre, & de lui en raporter l'argent. Quoi lui dit K***, pour

E　satis-

fatisfaire votre paffion dange-
reufe, vous voulés dépouiller
Madame votre épouſe… bon,
mon époufe, reprit Sᴛ**, tu
es bien facile à croire, va, va, la
ruë Fromenteau* ne me laiffe-
ra pas manquer d'époufe de
cette efpèce, va toujours où
je t'envoye. Oh parbleu, vous
vous expliquerés dit alors K***,
eſt-ce que vous ne ſeriés pas
marié ? J'en ferois tres mari,
Reprit mon joüeur ; & pour te
le prouver, trouve moi vint pi-
ftoles, à quoi j'évalüois les pen-
dans, & je t'abandonne tous
mes droïts fur la Donzelle…
tope

---

* *Ruë voiſine de l'opera, & renom-*
mée en filles commodes.

tope continua K***, je fuis à vous dans le moment: auffitôt dit, auffitôt fait; ainfi je fûs venduë pour deux cens francs. en vérité ce n'étoit pas cher alors, & je penfe encore fi bien de moi à prefent, qu'on ne m'auroit pas à pareil prix, fi le cas y échéoit, mais je me crois deformais à l'abri de pareil négoce: pourfuivons.

On peut juger de l'effet que produifit chés moi un pareil recit, & combien je fus piquée du procedé de Sr**. Il accompliffoit à la Lettre, ce que Nerine predit à fa Maitreffe, fi elle époufe eu jouëur:

Il vous vendra, Madame,
A beaux deniers comptans, quand vous ferés fa femme.

Je

Je voulois tout employer pour me vanger, mais par ſes careſſes & ſes diſcours, K*** me fit ſentir qu'un pareil détachement de ſa part, étoit ce qui pouvoit nous arriver de plus heureux, dans les circonſtances ou nous nous trouvions l'un envers l'autre; j'entrai dans ſes raiſons, & pour punir un ingrat aſſés lache pour me dédaigner, je me jettai entre les bras des plaiſirs. Que la vangeance a de charmes! je ne métonne plus des douceurs qu'y cherchent tant de femmes outragées, & j'admire avec combien de raiſon nos Poëtes en ont fait un ragoût divin.

Me voila donc en troiſième main,

main, éprife d'un amour que je jugeois ne devoir finir qu'avec ma vie

Vaine promeffe, hélas ! qu'eft-elle devenuë ?
Je l'ai faitte vint fois, & vint fois l'ai rompuë.

combien d'autres font dans le même cas.

Je n'eus pas plutôt cimenté le marché des deux Amis, que K*** me propofa la Comédie Italienne, & m'y conduifit. Il me quitta un moment après, fous le pretexte de quelqu'affaire, & promit de me rejoindre inceffamment, me priant d'être fans inquiétude; mais il me fût impoffible d'être longtems tranquile, quand je vis la longueur de fon abfence, dont

E 3   j'igno-

j'ignorois la caufe. Quoiqu'il
en foit, je ne fus pas feule
dans l'Amphithéatre, il fe rem-
plit infenfiblement, & le Spectacle commença. Je le trouvai
d'abord infipide, jufqu'au moment ou l'Arlequin arriva ; fon
ton de voix me frapa, mon Cœur
s'émût, & je ris très volontiers à fes faillies, fans pouvoir
me rendre raifon de cette joye
imprévuë, qui formoit contraf-
te avec les pleurs d'une femme
de moyen âge, qui étoit venuë fe placer à côté de moi. *En
vérité ma Sœur, vous êtes folle,*
difoit à cette femme un homme qui l'accompagnoit ; *vient-
on à la Comédie pour pleurer,
& qui pis eft, à la Comédie
Ita-*

Italienne, *paſſe encore chès les François*, ou la *Comédie* de-vient de plus en plus *pitoyable.* Point de réponſe, nouveaux Sanglots. *Mais dites moi donc* reprit le Frere *la cauſe de vos pleurs. Elle eſt bien legiti-me*, dit enfin mon affligée voi-fine, *& je l'ai toujours bien dit qn'il n'avoit point de Cœur, le Malheureux ! être le Va-let des autres, encore s'il fai-ſoit le Maitre, paſſe, non....* la deſſus nouvelles pleurs, & nouvelles condoléances. Je compris par ces mots, & quelques réponſes du Frere, que la bonne Dame étoit Me-re du jeune Arlequin, & que le ſujet de ſon chagrin étoit

E 4

que

que son fils eut embrassé cet emploi * plutôt que celui d'amoureux ; cette simplicité, & cette délicatesse de Maitre à Valet, me fit faire un éclat de rire si indiscret, qu'il attira sur moi les yeux de toute l'assemblée, & un aplaudissement général sur mon *éclatante exhilaration*.

Cependant K*** ne revenoit point, que faisoit-il ? Où étoit il ?

J'étois très inquiete de son absence, l'aparition d'Arlequin pou-

* *Le mot* EMPLOI, *en stile comique, désigne l'espèce, le genre des rôles qu'on joüe. On dit : un tel tient l'emploi des Amoureux, l'emploi des Rois, &c.*

pouvoit feule faire tréve à mon chagrin ; j'étois charmée de l'entendre loüer , & mon cœur prenoit part aux aplaudifle-mens dont on le combloit. Enfin le Spectacle finit , & le Domeftique vint m'avertir de ne point attendre M. K*** qui étoit déja au logis , je l'y trouvai en effet , mais fous le cafaquin de l'Arlequin qui m'avoit tant fait de plaifir. Il m'aborda comiquement , je me prêtai de bonne grace à fes Lazzis , & nous fimes a l'im-promptu , une fcène mille fois plus divertiflante que celle de feu Dominique avec Santeuil *.

Il

* *Vide le Santoliana.*

Il se demasqua enfin, m'aprit l'invincible panchant qui le portoit au Théatre, & m'exhorta d'en faire autant. Je vais, me dit-il, quitter Paris, & courir la Province pour me former; venés & soyés sûre d'un attachement inviolable de ma part. Vous ne connoissés pas touts les avantages que l'on trouve sous les drapeaux de Thalie; la vie Comique est un chemin émaille de fleurs, c'est un enchainement continuel de plaisirs; la différence des pays qu'on peut voir, la variété des avantures qui peuvent nous arriver, cette douce liberté dont on joüit... joignons y, ajoutois-je en

moi

moi même, le plaisir d'être courtisée, admirée, aplaudie, de faire tous les jours de nouvelles conquêtes; ouï, vous aves raison, lui dis - je en hauffant la voix, tout cela forme la perspective la plus agréable qui puiffe se préfenter à mon esprit; il n'y auroit que le préjugé qui pourroit me retenir, mais je ne fuis pas fa dupe, & l'eftime de la plûpart de ceux qui méprifent les gens de Spectale, ne me paroit pas devoir balancer les douceurs que vous me faites envifager dans cet heureux état; volons-y donc.

Ainfi fut refolu mon enrolement; Et je lui fis part enfuitte de la fcène que Mada-

me

me fa Mere m'avoit donnée
dans l'Amphithéatre de la Comédie; que voulés vous, me
dit-il, c'eft une de ces bonnes
Femmes à préjugés, de ces
ames du bon vieux tems, pai-
tries de fimplicités, & abreu-
vées de fuperftitions, qui
croyent pieufement, & à la
Lettre à tous les difcours de
leur curé. Je ne fuis pas peu
furpris de la demarche qu'elle
a faite d'ôfer venir au Spectacle, mais je la reconnois très
bien à fes lamentations; la
bonne Femme a le cœur no-
ble, & fon Fils laquais des autres a bien fujet de bleffer fa
dévotieufe vanité. Nous fou-
pâmes tout en nous divertiffant

aux

aux depens de la bonne mere, après quoi il se retira, car jusques à son départ, il s'étoit assujeti à un reste de *decorum* avec la Maison maternelle, & ne le violoit que rarement. Adieu.

Je suis, &c.

*A S*** ce 8 Avril 1751.*

VENUS À CONFESSE,

OU

Lettres d'une Comédienne
retirée du Spectacle, à une
de ses Amies.

SECONDE PARTIE.

Fabula narrari creditur , historia est.

EN PHRIGIE.

Chez ESOPE, à l'Enseigne de la vérité.

MDCCLI.

VENUS

À

CONFESSE,

OU

Lettres d'une Comédienne retirée
du Spectacle, à une de ses Amies.

LETTRE V.

Que je suis tardive en réflections ! ma chere A-
mie, helas ! ne m'aper-
cevrai-je jamais de mes Soti-
ses, qu'après les avoir faittes ?

Il est bien tems, après quatre lettres qui sont sans doute déja entre les mains du Public, il est bien tems, dis-je, de penser à l'effet que pourront produire en vous les aveux sinceres que je me suis engagée à vous faire de toutes mes erreurs; mais je compte sur cette indulgence naturelle, qui vous fait, sans humeur, suporter les défauts de vos Camarades, & gémir en secret de leurs égaremens. Ne croyés pas du moins que ce soit par un reste d'attachement & de goût à la débauche, si je tombe quelques fois dans des peintures trop vives, ou dans des descriptions trop détaillées; je ne

fuisuivrai alors que le sentiment qui m'affectera ; ce qu'on sent vivement , on l'exprime de même. D'ailleurs il faut être sincere dans mes confessions : les moindres circonstances sont alors necessaires , m'a-t-on dit mille fois, il faut donc ne rien dissimuler, ilfaut porter le flam- beau de la Vérite jusques dans les replis les plus secrets du cœur d'une Libertine , afin que ses semblables puissent s'y re- connoitre. De foibles traits se perdroient dans l'éloigne- ment, la perspective théatra- le veut des coups de force , di- sent les Peintres ; la Comédie outre les ridicules , pour les mieux faire sentir ; je n'ai que

A 3

des

des vérités à dire, mais il faut qu'elles foient à découvert. Au reste qui pourroit me critiquer à cet égard? des Tartufes, des Prudes; mais ce n'eſt pas pour eux que j'écris, l'eſtime de ces fortes de gens ne vaut pas la peine qu'on fe donneroit pour l'acquerir. J'ecris pour la jeuneſſe, pour l'éclairer fur les piéges que lui tend la volupté, fur les conféquences, fur les fuites du libertinage; j'écris... pour avoir de l'argent, ajoùte l'Editeur, vérité qu'aucun auteur que je fache n'a encore dite... *revenons à nos moutons.*

Mon confentement à la propofition que me fit K * * *

d'em-

d'embrasser le parti de la Comédie, fut en peu de tems sui-
vi des dispositions, & des pré-
paratifs pour un prochain de-
part : Orléans étoit notre Ville de destination.

Libre de ma personne, &
maitresse de moi même, croi-
roit-on cependant que j'eus un
sermon à essuyer ? Mon Hô-
tesse m'avoit prise, me dit-elle,
en affection, & sachant mon
dessein de me faire Comédienne (j'ignore qui avoit pû l'en
instruire) elle se croyoit obligée en conscience de m'en détourner, un espece Philosophe
qui logoit dans le même quar-
ré que moi, & qui mangeoit
avec elle, m'entreprit à sa per-

A 4

sua-

fuafion. ,, Songés vous me
,, dit-il, ma chere Demoifelle,
,, fongés vous à ce que vous
,, voulés faire ? Connoiffés
,, vous le parti que vous vou-
,, lès fuivre? la perfpective en
,, eft charmante, il eft vrai, &
,, bien capable de féduire un
,, jeune cœur qui aime un peu
,, fes plaifirs ; mais croyés moi,
,, le bois ne repond pas à l'é-
,, corce, j'ai été quelque tems
,, du fpectacle moi-même, &
,, par conféquent je fuis plus
,, capable qu'un autre de vous
,, en dévoiler tout le miftere.

,, Ce qu'on apelle Comé-
,, diens, forme dans le fein
,, des Etats, une efpece de Ré-
,, publique , qui n'a prefque
,, que

„ rien de commun avec eux,
„ que la joüiſſance des mêmes
„ Elémens. Ils ont leurs Lois
„ & leurs Uſages, ſuivant les
„ quels ils ſe gouvernent en-
„ tre eux, & décident leurs
„ différens. Ce n'eſt point,
„ comme pluſieurs oſent le di-
„ re, par égard pour leurs ta-
„ lens, qu'ils ne ſont aſſujet-
„ tis à aucuns impôts, & qu'ils
„ ne ſuportent aucunes des
„ charges de l'Etat; mais par-
„ ce qu'on les regarde com-
„ me des gens ſans feu, ni lieu,
„ qui ſemblables aux Charla-
„ tans & aux Böémiens, ne
„ reſtent dans un endroit qu'-
„ autant qu'ils y font leurs af-

A 5

„ fai-

„ faires, & vivent preſque tou-
„ jours errans & vagabonds.
„ La Comedie étoit autrefois
„ une Société de Perſonnes é-
„ galement ſpirituelles & ver-
„ tueuſes, que la fureur de
„ paroitre en public ſéduiſoit,
„ & qui ſe faiſoient un mérite,
„ & par conſéquent une étu-
„ de d'animer les ouvrages de
„ nos Auteurs, par la beauté
„ de leur déclamation, &
„ L'heureux naturel de leurs
„ geſtes & de leur action; mais
„ aujourd'hui, ce n'eſt le plus
„ ſouvent qu'un vil amas de
„ Libertins & de Femmes per-
„ duës, que la débauche aſſem-
„ ble, & qui moins attentifs à
„ ſe perfectionner dans leur
„ art,

„ art, qu'a jouïr de la liberté
„ du Theatre , qu'à abufer
„ d'une efpece d'impunité qui
„ femble y être attachée, ne
„ s'aquitent de leurs emplois
„ qu'avec une indolence éton-
„ nante , & qu'autant qu'ils
„ compatiffent avec leurs plai-
„ firs. A Dieu ne plaife ce-
„ pendant que je veuille dire
„ par là, qu'il n'y ait au fpec-
„ tacle nombres de Femmes
„ fages & vertueufes , mais
„ dans l'opinion du monde,
„ qui fe trompe rarement, el-
„ les font moins chargées de
„ cette marchandife, que de
„ vieux Paffemens & de *Straz*,
„ j'en appelle au témoignagne
„ interieur de la plus part,

„ une

„ Comédie eft à prefent ordi-
„ nairement *la Pifcine*, & le
„ Sérail de la Jeuneffe volup-
„ tueufe d'une ville; doit-on
„ s'étonner après cela que les
„ Comédiens foient fi généra-
„ lement méprifés?

„ Mais me dira-t-on, ce
„ mépris ne vient que du pe-
„ tit Peuple, efclave de cer-
„ tains vieux préjugés, & ja-
„ loux peut-être d'un frivole
„ exterieur qui accompagne
„ des gens qu'il fçait n'être
„ pas, pour la plufpart, au def-
„ fus de fa Sphére. Voyés (car
„ il faut pouffer l'objection juf-
„ qu'au bout) éxaminés la con-
„ duite des Grands à leur égard,
„ ils en font protégés, caref-
„ fés,

,, fés , fêtés. Soit , répon-
,, drai-je ; néceſſaires à leurs
,, plaiſirs, ils ſont quelque fois
,, reçûs dans les palais , dans
,, les hôtels ; mais à quel titre ?
,, Je m'imagine , quand j'y
,, penſe , entendre ces fiers
,, enfans de la Fortune & du
,, hazard leur dire, avec Si-
,, giſmond.

Fais moi rire.

,, Oui , tel eſt leur paſſe-
,, port: je parle des hommes,
,, les femmes en ont un autre
,, ſous leurs ſoyeries fripées.
,, Vantés vous après cela,
,, dignes Enfans de Thalie,
,, vantés vous de l'accueil des
,, Grands-

„ Grands! Vous vous en van-
„ gés, il eſt vrai, ſur un tas de
„ malheureux qui peuvent
„ avoir affaire à vous, vous ne
„ les recevès qu'avec cet air
„ de grandeur & de fierté que
„ vous portés au Théatre ;
„ mais par combien de morti-
„ fications ne payés vous pas
„ ce chétif avantage! manqués
„ en quelque choſe, ſoyés inex-
„ act envers ces mêmes gens,
„ adorateurs de votre éclat em-
„ prunté, parce-qu'un vil inte-
„ rêt les oblige à vous ménager,
„ vous les verrés bientôt ſortant
„ de ce reſpect forcé, vous ex-
„ primer très énergiquement
„ leur mépris, & vous ravaller
„ audacieuſement au deſſous
„ du

» du plus vil Plébéyen, il aura
» même sur vous l'honneur du
» tître de Citoyen que vous ne
» pouvés révendiquer. Votre
» nom, votre nom même de-
» viendra dans leur bouche, un
» reproche, un oprobre dont il
» vous couvriront. Eh ! com-
» ment après tout, les Co-
» mediens veulent-ils que le
» Public les eſtime ? Sans con-
» duite pour la pluſpart, ſans
» charité mutuelle, ils ſont
» les premiers à ſe déchirer
» impitoyablement entre eux.
» Ce n'eſt pas ſans raiſon qu'on
» leur a attribüé, auſſi bien
» qu'aux Moines, ce dicton
» proverbial:

» Ils

Ils s'affemblent fans fe connoître,
Vivent enfemble fans s'aimer,
Et fe quittent fans fe regretter.

„ c'eft fur quoi, me dit-il en
„ conclüant, je vous laiffe re-
„ flechir : voici quelle fût ma
„ réponfe.

Le deffein en eft pris, votre éloquence eft vaine
Et j'embraffe à jamais le parti de la Scène.

Après quoi je lui tirai ma révérence, dédaignant de répondre autrement a fes invectives, & remontai chés moi. Mon Hôteffe m'y fuivit, mon depard lui tenoit au cœur, elle avoit formé des projets qu'il dérangeoit; c'eft ce dont il lui reftoit à m'entretenir. „ Puifque le difcours de Monfieur Loret n'a pu vous faire impreffion, dit-elle, auffi-
„ tot

,, tôt que nous fûmes entrées,
,, ni vous détourner de votre
,, projet , j'ai quelque chofe
,, de mieux à vous propofer,
,, mais que je ne pouvois dire
,, que de vous à moi.

,, Un de nos Fermiers Gé-
,, nèraux vous a vuë, il a con-
,, çû pour vous un violent a-
,, mour, c'eft un homme tres
,, riche, mais encore plus li-
,, béral ; ne manqués pas cet-
,, te occafion, vous ne la re-
,, trouveriez peut-être jamais,
,, on n'eft pas toûjours jeune
,, & jolie. Ne feriés vous pas
,, bien aife, continua-t-elle,
,, plutôt que d'aller vous fou-
,, mettre aux caprices d'un
,, public, de paffer ici vos

B

,, jours

,, dans une douce oisiveté, &
,, l'abondance de toutes cho-
,, ses. M. F**. vous fourni-
,, ra un bon équipage, vous
,, aurés un domestique conve-
,, nable, femme de chambre, la-
,, quais, cocher, cuisiniere, bon-
,, ne table sur-tout, & point
,, d'autre maître qu'un seul
,, homme, que dis-je maître !
,, un tres humble Esclave : vos
,, moindres   desirs   seront
,, des lois pour lui. Comptés
,, d'abord sur cent écus par
,, mois, & sur une maison en-
,, tretenuë de tout, comme
,, c'est l'usage. Je ne vous
,, parle point des présens, il est
,, un art de s'en faire donner,
,, quand on est un peu habile,
,, fiés

„ fiés vous feulement à moi,
„ fur cela, je vous conduirai
„ bien. ”

L'Honnête femme que mon
Hôteffe ! Ses difcours cependant étoient bien plus perfua-
fifs que toutes les déclamations
du Sieur Loret, elle avoit trouvé l'endroit foible, j'avois de
la vanité & de l'ambition, ce
caroffe m'avoit frapée. „ Mais
„ lui dis-je, avés vous des or-
„ dres pour me parler ainfi ?
„ C'eft ce qu'il m'eft faci-
„ le de vous faire confirmer,
„ je vais enchanter M. F**
„ en lui portant les plus fla-
„ teufes efperances. Elle prit
auffitôt fes gands & fa coëffe,
& fortit.

B 2

J'é-

J'étois fort indécife du parti que je prendrois. Je me faifois il eft vrai, une image charmante de l'état brillant où je pourrois me voir avec le Financier, mon imagination rouloit agréablement dans mon futur équipage, j'avois l'efprit rempli de tant de belles chofes, mais le cœur étoit ailleurs, K**** parut, l'amour décida tout. Je lui fis part de ce qu'on m'avoit dit, il tourna le difcours de Loret en ridicule ; mais plus attentif aux propofitions de l'Hôteffe, il crût devoir en prévenir les effets, en faifant dès le moment même enlever mes hardes de ches elle, & prenant un autre logement,

ment, en attendant le départ
qui ne fut différé que de quelques jours.

Le voyage de Paris à Or-
léans fut court & heureux;
une seule singularité mérite que
je vous en fasse part. La né-
cessité nous obligea dès la premiere nuit de partager une
chambre à deux lits avec un
jeune homme qui se rendoit à
Poitiers, ce qu'il n'accepta
qu'au defaut d'autres; vous allés sçavoir la cause de sa répugnance. On vint à l'ordinaire
nous éveiller le lendemain de
tres grand matin pour partir, mais tout le bruit d'u-
ne Hotellerie en remûment
ne fut pas capable de tirer

no-

notre homme des profondeurs
d'un sommeil léthargique , son
valet qui entra dans le moment,
ne se dona luimême aucun
mouvement pour cela , il s'affit
tranquilement auprès du lit de
son maître , attendant que
nous fuffions sortis. Cette
conduite me parut si particu-
liere , que je ne pûs réfister à
ma curiofité , & pour leur laiffer entiére liberté , nous feignî-
mes de descendre , mais je me
mis en embuscade , & remarquai , non sans étonnement ,
que le domeftique tira de def-
fous sa casaque une immense
poignée de verges , dont il é-
pouffeta vigoureusement le Pof-
terieur de son maître , qui se
ré-

réveilla enfin au milieu des voluptueux picotemens de cette
Sérénade inufitée à tout autre.
J'avois bien oüi dire plufieurs
fois qu'il y avoit par-ci par-là de
vieux pécheurs, à qui l'on étoit
obligé de rendre le même office, pour les difpofer au voyage de Cithere, mais pour celui d'Orléans, c'en étoit, je
crois, le premier exemple, tant
il eft vrai, qu'en dépit du Sage, on voit de tems en tems
quelque chofe de nouveau fous
le ciel.

Nous arrivâmes enfin, plus
fatigués que ne fembloit l'exiger une route auffi courte, du
moins à mon égard; mais ac-
coutumée à me dorlotter dans

 mon

mon lit jusques à onze heures, c'étoit bien assés pour me lasser, que d'être obligée de me lever à trois & quatre heures du matin. nous prîmes une journée entiére pour nous reposer, & le lendemain, l'entrepreneur averti de notre arrivée, fit annoncer le répertoire. „ Le Répertoire dis-je à „ K***, quelle Comédie est-„ ce là ? Je n'en ai jamais oüi „ parler. ” Il soûrit de ma simplicité & m'aprit que ce qu'on apelloit *Répertoire*, en terme de Comédie, étoit *une assemblée Générale des Hauts & Puissans Etats Comiques*, pour déliberer, & convenir ensemble des pieces que l'on

doit

doit se préparer à joüer pendant un certain espace de tems.
Une assemblée généralé, re-
pondis-je! tous ces Messieurs
& Dames y seront donc? Sans
doute reprit-il, & vous aussi;
c'est où vous commencerés
de connoître vos Camarades,
& ensuite vous leur rendrés
visite ches eux, comme cela se
doit. Assurement, lui dis-
je; on ne sçauroit avoir trop
de bonnes façons pour les
Personnes avec qui l'on doit
vivre. A demain donc, pour-
suivit-il en riant, nous verrons
comment vous vous en tire-
rés. Mais pendant que je me
prépare à ce grand jour, a-

B 5   gréés

gréés que je prenne un peu de repos, & vous donne le bon jour.

Ma cher Amie votre &c,

*A S*** ce 15 Avril.*
1751.

LET-

LETTRE VI.

DAns la flateuse attente du moment à jamais solemnel qui devoit me donner séance dans les Hauts & Puissants Etats Comiques pour me servir de l'expression de K***. Je ne pûs goûter qu'un sommeil interrompu par les rêves les plus agréables. J'allois converser familiérement avec ces héros & ces héroines que l'illusion du théatre m'avoit rendus respectables ; mon cœur n'auroit pas goûté une joye plus vive, quand je me serois trouvée à la veille de mon apothèose, & prête à être reçuë dans

le

le fein de Jupiter & au nombre
des Dieux. Il arriva enfin ce
bien-heureux moment , cet inftant défiré. Je m'étois parée
comme pour un jour de cônnes,
je volois plutôt que je ne mar-
chois, nous arrivâmes au theatre , K*** m'introduifit dans
la falle. Que devins-je ! quel
changement de décoration ! que
de menfonges le fommeil m'a-
voit-il offerts ! Toutes ces brillantes Divinités étoient prefques
toutes métamorphofées en autant de Momies, je ne vis que des
Teins livides & plombés, nüan-
cés de quelques fillons rouges &
blancs , des Yeux éteins & bat-
tus , qui s'efforçoient en me fa-
lüant, de montrer encore quelques

ques reftes de vivacité, des Che-
veux capricieufement agean-
cés fous des chiffons de gaze
fale, ou chargés de rubans &
de cocardes ; des Robes, des
Cafaquins de taffetas pour braver la Saifon , car nous étions a
pâques , des Mantelets de toutes tailles, & de toutes couleurs,
des Capotes... quelle mifere ! les
Hommes ne le cédoient en rien
aux Femmes. Je diftinguai du
du premier d'œil des Habits
noirs , dont la corde épaiffe &
verdâtre expofoit refpectueufement les témoignages de
leurs fervices. Celui-ci n'avoit
fous fa redingotte qu'un mé-
chant pourpoint qui lui fervoit également au théatre & à
la

la ville, cet autre en petit Habit de camelot, encore paſſable,
s'ennorgueliſſoit de ſa propre-
té & de ſa magnificence; auſſi
faiſoit-il le Joli Cœur & le petit-maître, c'étoit la coquelu-
che de toutes ces Femmes. Il
papillonnoit autour d'elles, prenoit un baiſer à celle-ci, diſoit
une polliſſonnerie à l'oreille de
celle-là, qui le repouſſoit d'un
air nonchalament attrayant
& en l'apellant vilain & mé-
chant

On peut juger que je faiſois
piêtre contenance dans une telle compagnie, j'avois peine
à concilier mes idées, je me
trouvois comme dans un autre
monde, avec une eſpece de gens
dont je n'avois aucune notion.

On

On m'examinoit cependant
sous cape, on se chuchottoit à
l'oreille, on critiquoit sans doute ma figure ; lorsque je vis entrer, nouveau suplément au
bon air & au brillant de la trou-
ge, un homme de taille ordinaire, maigre, le tein olivatre,
le visage cicatrizé, en un mot
laid en cramoisi: c'étoit le celebre D***, directeur de la
troupe. En habit jadis d'un
velours savoyard, & qui portoit encore les empreintes des
brandebourgs dont il fut autre
fois orné, il avoit tout l'air de
ces Charlatans qui vont les Di-
manches & les Jours de Marché
vendre du Mitridate dans les
Villages. Un moment après lui

pa-

parut Madame la directrice
son époufe, ou foi-difante, s'e-
lon l'ufage du Théatre. Vous la
connoiffés, c'eft un groffe Ci-
trouille racourcie, & renforcée
de la Culaffe, dont fon mari n'eft
nullement jaloux, la prêtant
volontiers à qui en veut, mais
pourquoi en médire ? c'eft la
mode Comique ; en fe confa-
crant au théatre, on fe dévouë
au public. Il feroit beau voir a-
près tout, qu'un faquin de Comédien eut une jolie femme a
lui feul, tandis que tant d'honnêtes gens n'ont que le partage des leurs.

Après les complimens & les
embraffades amiteufes dont je
fûs accablée par ces deux il-
luf-

luftres, il fut queftion du fujet qui nous affembloit. Ce fut a-lors que je commençai a con-noître l'Efprit Comédien ; mais remettons ce détail qui pour-roit faire croire que nous n'au-rions deftiné cette partie qu'a médire contre la Comédie, nous aurons affés d'occafions d'y revenir par la fuitte.

Les fuccès de la troupe ne furent pas brillans, auffi ne valoit-elle rien en général. Ce-pendant nous avions pour pre-mier acteur le célébre *** qui feroit excellent trajédien, s'il avoit un peu plus de fens com-mun, & qu'il ne fût pas tou-jours dans les convulfions ; mais il prend fouvent des ac-

C

titudes

titudes ſi groteſques, & pour montrer de l'ame, ce qu'il fait à tout propos, il étouffe tellement ſa voix a l'entrée de ſa gorge, qu'il en paroît engoüé, & ne parle plus que comme un Sanſonnet. Je parûs pour la premiere fois dans le rôle d'Agnès, avec toute la timidité d'une commençante, & j'éprouvai de la part du Public toute l'indulgence qu'il a coutume d'accorder à une femme paſſablement jolie.

Ma cour fut groſſe après la Piece, je reçûs tant de complimens, tant de douceurs, tant d'encens que j'en étois ennivrée. Je n'avois pas peu affaire à repondre à tant de gens à la fois,

fois, il falloit bien de l'habile-
té pour réüffir a les contenter,
je crois cependant que j'en vins
à bout, un coup d'oeil, une
réponfe flateufe, une minau-
derie, un coup d'éventail, une
demi poliffonnerie prononcée
d'un air diftrait, & en détour-
nant la tête, fuivie d'un éclat
de rire : tous dûrent être fa-
tisfaits. Combien de foupers
me fûrent propofés dès ce
premier jour! Je n'en acceptai pourtant aucun ; je crûs
qu'il falloit fe faire valoir ,
d'ailleurs j'étois bien aife d'en
conférer avec K ***, qui dès
ce même foir, le prit avec moi
d'un certain Ton , & rejetta
bien loin tout ce qui pouvoit

 avoir

avoir quelque chofe d'apro-
chant à ce commerce, n'étant
pas fait, dit-il, pour le rôle de
greluchon.

Je fentis d'abord que je m'étois
donné un maitre, qui ne me laif-
feroit pas joüir de toute la liberté dont je m'étois flattée, en
embraffant la profeffion théatrale, ce qui commença de
m'indifpofer contre lui. Je n'en
fis cependant rien paroître, &
feignant de condefcendre à fes
défirs, je me refervai *in petto*
le droit de m'afranchir de fa
tyrannie, auffi-tôt que j'en
trouverois l'occafion. J'avois
cependant fait la conquête de
deux perfonnages auffi differens dans leur caractere que

par

par leur état. L'un étoit un
grave magiſtrat, dont l'air re-
barbatif & ſévére ne paroiſſoit
aucunement propre a recevoir
l'impreſſion des folâtres a-
mours, mais que les mines
ſont trompeuſes! l'autre étoit
un bruyant petit-maître, mais
un petit-maître de province,
qui ne rachetoit par aucun
mérite tous les defauts dont il
ſe glorifioit. Il afficha publi-
quement ſes amours & ſes pré-
tentions, je fûs ſon idole dé-
clarée, mais une idole cruelle,
qui ne voulut jamais exaucer
ſes vœux; j'avois trop d'anti-
pathie pour la turbulence &
le fracas, je voulois ménager
ma reputation autant que les

C 3

plu*

plus fages actrices, & n'en fuivre pas moins les plaifirs.

Nous venions un jour de
rentrer chés nous après la
comédie. nous entendimes
arrêter un équipage fous
nos fenêtres, un domeftique
parût auffi-tôt, & m'invita au
nom d'une Dame connuë, à
venir fouper familierement a-
vec elle, qu'elle étoit feule,
& que charmée de ma figure,
elle vouloit faire connoiffance
avec moi. Je ne favois que repondre au meffage, & fi je devois accepter ou non, lorfque
K *** qui étoit defcendu en
bas pendant cette ambaffade,
& qui, comme je l'ai fçu par la
fuitte, avoit pris langue fur

ce

ce fujet auprès de nôtre ho-
teffe , rentra , & me confeilla de
répondre à l'honneur que l'on
me faifoit. Le pauvre garçon
ne fçavoit ne pas qu'il envo-
yoit la brebis au loup! Je lui
obéis auffitôt , il m'accompagne
jufqu'au caroffe, j'y monte , la
portiére fe referme , les che-
vaux partent comme un trait ,
l'équipage vole , une grande
porte s'ouvre à fon fracas , il
entre , je mets pied à terre fur
un fuperbe perron, d'ou l'on
me conduit à travers plufieurs
falles, dans un cabinet magni-
fiquement meublé , tout y ref-
piroit l'amour & la volupté. A
peine y étois-je entrée , que par
une porte oppofée , je vis venir

C 4

à

à moi, & les bras ouverts, un homme de fort bonne mine, qui en commençant par m'embraſſer, me pria d'excuſer la ruſe dont il s'étoit ſervi pour m'avoir chés lui. Elle étoit neceſſaire, ajouta-t-il, pour me donner les moyens de m'expliquer entiérement avec vous. Je vous aime, la gravité de mon état ne me permettant de vous cajoller en plein de théatre, & moins encore d'aller chés vous, je vous ai attirée ici, ſous le nom de ma Sœur, c'eſt à vous de voir ſi vous voulés agréer mon hommage : Je ſuis veuf, & en état de vous faire du bien, ſi vous m'êtes fidelle.

Comment devois-je recevoir

une

une pareille declaration ? je l'ignorois, je n'étois pas encore ſtilée au manége de mon état , je ne ſcavois donc que faire; je fis la Sotte, mais il m'eut bientôt apris mon devoir. Tiens, ma chere reine, me dit-il, en me mettant en main le ſceptre de la Volupté , je connois le train du théatre , ne fais pas la Veſtale mal à-propos, c'eſt bon vis-à-vis d'un novice , mais avec moi , tu n'en vaudras pas une maille de plus

> Epargne toi ce ſoin,
> L'art n'eſt pas fait pour moi, je n'en ai pas beſoin.

Rien n'étoit plus vrai, j'en voyois la preuve ſenſible.

Ce-

Cependant il sembloit attendre ma reponse, il cherchoit à la lire dans mes yeux troublés, qui s'abſorboient, qui ſe noyoient dans l'humidité des ſiens, il voyoit ſon triomphe, il en voulut joüir juſqu'au bout, & me réduire au point de lui demander, ce qu'il avoit crû d'abord au plus pouvoir obtenir. Le traître liſoit dans mon cœur, il y rencontra cette ardeur effrenée pour le plaiſir, il voulût l'enflammer de plus en plus ; ſa main libertine écartant tout ce qui pouvoit lui faire obſtacle, il oſa porter ſes ſacriléges doigts dans le tabernacle des félicités humaines, je treſſaillis à ce ſentiment,

&

& perdant toute connoiſſance de moi-même . . . nous nous trouvâmes, par je ne ſçai quel mouvement, tellement au niveau l'un de l'autre que nos langues & nos regards ſe confondoient.

Il n'y a perſonne qui ne s'imagine que nous profitâmes d'une ſituation auſſi commode, c'étoit bien notre deſſein, Sans doute, je me livrois toute entiere à ſes déſirs, l'idée du plaiſir occupoit toute mon ame, mais helas! peut-il être de felicité parfaite dans ce monde! mon Cavalier ſe trouva plus novice qu'un écolier: ſon humanité trop généralement repanduë dans tous ſes ſens,

aban-

abandonna la seule partie qui en avoit le plus de besoin; dévoré de désirs, il ne se trouva point en état de les satisfaire, quelle fut sa rage! il l'auroit portée je crois, jusqu'à l'opération d'Origéne, s'il avoit eu de quoi seconder sa fureur. J'eus pitié de son désespoir, & me prêtant de bonne grace a tout ce qu'il put exiger de ma complaisance, je l'aidai de la meilleure foi du monde, mais inutilement, il étoit écrit que nous nous en passerions pour ce moment, & nous y fumes obligés, en voici la cause. Comme nos mouvemens étoient peu menagés, nous accrochâmes l'un ou l'autre, je ne sçai

de quelle façon, le cordon de
la fonnette qui tomboit fur le
fopha fur lequel nous étions,
Comme fon carillon étoit un
fignal pour avoir du monde,
nous nous remîmes au plûtôt
de notre défordre, & forçâ-
mes notre contenance en préfence d'un domeftique, qui,
comme il en avoit l'ordre,
vint nous dire que l'on a-
voit fervi. Nous allâmes auffitôt nous mettre à table, nous
étions feuls ; jamais cependant je ne me fuis, je crois,
trouvée en fi nombreufe & fi
joyeufe compagnie. Les Ris,
les Graces, les tendres facé-
ties, les faillies brillantes, les
bons mots affaifonnerent le
ré-

répas, & donnerent aux vins, dont nous fîmes une ample effusion, une sève & un piquant incompréhensible. Le répas fut court, nous avions quelque chose de plus pressé, une égale ardeur nous y portoit.

Nous ne fûmes pas plûtôt retournés au cabinet, qu'amenant la conversation, je lui demandai s'il étoit bien remis de sa paralisie; pauvre malheureux, ajoutai-je, je plains fort l'état où je vous ai vu tantôt; mais c'étoit un enchantement.

Ouï, c'en étoit un sans doute, & l'effet le plus naturel des charmes que vous m'avez découverts.

„ Je

„ Je suis affés bonne pour
„ recevoir votre excufe , fa-
„ chés pourtant que vous a-
„ vés commis une faute, im-
„ pardonnable , & que faillir
„ en de telles circonftances ,
„ c'eft offenfer une femme par
„ l'endroit le plus fenfible.

Je connois toute l'étenduë de mon crime , & je ne demande qu'à le réparer.

„ Avés-vous les difpofitions
„ neceffaires pour un vérita-
„ ble repentir?

C'eft à vous d'en juger.

„ Ah! vous m'aurés bien-
„ tôt perfuadée avec de fi bon-
„ nes raifons, voyons cepen-
„ dant jufqu'au bout , & ne
„ nous laiffons pas féduire a
                              „ l'ap-

„ l'apparence ... vous dites
„ donc ...

Il n'étoit plus question de parler, nous agissions, & si vigoureusement, que nous tombâmes bientôt sans force & sans mouvement. Nous ne tardâmes pas à nous relever, & à nous livrer un second combat. Furieux de ce qui lui étoit arrivé, mon adversaire ne cherchoit qu'a réparer sa honte, il m'attaquoit en désesperé, & je lui opposois la résistance la plus opiniâtre ; le sopha gémissoit sous nos coups redoublés. Il ramasse enfin toutes ses forces, & lançant avec succès le dernier de ses traits, il me voit chanceller, il veut crier victoire,

toire, mais le destin confondant son triomphe & ma défaite, il tombe lui-même entre mes bras, expirant du coup dont je meurs.

Semblables aux malheureux enfans d'Oedipe, la rage du combat s'étoit si fort emparée de nos sens, que nous nous tenions étroitement serrés, & que rien ne pouvoit nous séparer. Nos ames dégagées des liens qui les arrêtent, & cherchant à s'échaper, erroient de l'une à l'autre, & nous eussent sans doute quittés, si nos bouches étroitement collées, leur eussent laissé un passage ; force donc leur fut de rentrer chés elles, & nous commen-

D

çâmes

çâmes d'abord a revivre. Quelle agréable mort, s'écria mon Préſident!

Dieux puiſſans ! des tréſors je n'en demande point,
Mes honneurs & mes biens , ſurpaſſent mon envi e
Et ma Philoſophie eſt conſtante en ce point ;
Mais grands dieux , faites je vous prie ,
Si ce n'eſt point trop requérir ,
Que dans les bras de quelqu'amie ,
Je puiſſe ainſi toute ma vie ,
Mourir , revivre , & remourir.

La violence de notre action nous avoit fatigués , ſans diminuer l'ardeur de nos déſirs , qui ne ſembloient au contraire que plus enflamés : il falloit cependant reprendre haleine , mais cet intervale fût très-agréablement rempli par les plus agréables diſcours. Je n'ai rien connu d'égal en ce genre à

mon

mon tenant ; c'étoit une foule
d'expreſſions , une tournûre
d'eſprit ſi ſinguliere ... je vous
en donnerai tantôt un trait.

Cependant ſa main officieuſe
me conduiſoit inſenſiblement
à l'état de pure nature. J'a-
vois la tête échauffée , je ne
voulûs être en reſte de rien a-
vec lui, le tableau fut bientôt
achevé , & nous précipitant
dans bras l'un de l'autre avec
une égale fureur , nous ſem-
blions devoir nous engloutir
réciproquement : cependant
plus raiſonnables, nous reſo-
lûmes de prolonger autant que
nous pourrions, un plaiſir qui
ne laiſſe rien à regretter que la

 ra-

rapidité avec laquelle il s'éva-
noüit. Soigneux de n'en paffer aucune particularités, nous
le conduifîmes par toutes fes
voluptueufes gradations. Nos
yeux, nos mains, tous nos
fens en un mot, défireux de
le partager, envoyoient à nos
cœurs ces douces émotions,
ces tendres frémiffemens que
l'ame éprouve fi fenfiblement,
& que l'efprit ne peut dé-
peindre.

Je ne fçai, cher lecteur, fi tu
prendras autant de plaifir à lire cette defcription d'une foi-
rée qui a paffé comme l'ombre, que j'en goute encore à te
l'écrire. Mon imagination é-
chau-

chaufée se retrace si vivement ces voluptueux instans , qu'il me semble être encore sur ce délicieux Sopha , entre les bras du passionné Président , mes sens agités éprouvent tout de nouveau ces tendres émotions , ces délicieux picotemens, ces extensions, ces défaillances, la volupté m'affecte toute entiere, le plaisir en jaillit … puisse-tu te reconnoître à ces mots , mais plus encore au trait de morale qui m'échape.

Qu'est-ce donc cette volupté que l'homme recherche avec tant d'ardeur, tant de depense & de danger? Helas! un instant ; que dis-je ! l'aparence

 pres-

preſque ſeule d'un plaiſir délicieux à la vérité, inexprimable, mais ſouvent ſuivi des
plus cuiſantes, douleurs, & des
ſyndéreſes les plus améres ...
*Zague, zague, zague, & c'en
eſt fait*, diſoit jadis un prédi-
cateur un peu trop burleſque,
cela vaut-il la peine de tant de
courir après. L'Homme cependant aime à ſe faire illuſion la-
deſſus, ſon ame ſe repaît de
chimériques images, échauffé
par ſon imagination, qui ſeule fait ſouvent le mérite des
objets auxquels il ſacrifie, il
néglige tout pour courir après
un fantôme de félicité, après
un bonheur idéal. O! mes che-
res Compagnes, quelles riches
plan-

plantations vous avés dans les cœurs mafculins!

Soufrés que je prenne ici un peu haleine, & que je me di- fe, ma chere,

Votre &c.

P. S. Je vous ai promis un échantillon de la finguliere fa- çon de penfer de mon Préfi- dent ; vous en jugerés par ce trait : ce font des vers qu'il m'envoya le lendemain de no- tre entrevuë, accompagnés de quelque lignes de profe dont je vous envoye un extrait.

Que tu es une rude Joüeuse, ma chere Reine! je n'ai de mes jours été fi bien fecoué, j'en fuis tout brifé. J'ai voulu trancher du Héros, mais tu m'as fort bien

D 4

don-

donné mon reste, & je me con-
fesse vaincu. La drole de chose
que ce plaisir après lequel on
court! à bien y réflechir, c'est
pourtant quelque chose de bien
vilain, n'y eut-il que la position
de son trône, & la situation de
on empire...

Tes desseins sont impénétrables,
Grand Dieu, je les adore en toute humilité;
Mais voulant nous conduire à la fécondité,
Par des plaisirs inexprimables;
Tu devois bien placer vraiment
Leur source un peu moins sallement.
Mais non, ta sage Intelligence
Voulut, les rendant moins parfaits,
Vers la céleste joüissance
Tourner l'ardeur de nos souhaits.

Que dites vous de cette bon-
tade. Adieu.

A S** ce 25 A-
vril 1751.

LET-

LETTRE VII.

JE n'eus pas plûtôt réparé le désordre que nos plaisirs avoient occasionné, que je pris congé du Président. Il me presenta vainement sa bourse, je la refusai en l'assurant que c'étoit à l'Amour & à la Volupté que je croyois avoir sacrifié chés lui, & non au Dieu de l'intérêt. Ma façon de penser parût lui faire plaisir, & je partis, son carosse me ramena. K*** étoit dans la bonne foi, il crût tout ce que je voulûs lui dire, & regarda le lendemain une montre d'or, des bouches d'oreilles fines, & un piéce d'é-

D 5

toffe

toffe brochée en or, que m'envoya mon Préſident, comme un préſent que me faiſoit la Dame chés qui j'avois ſoupé. C'eſt ce que j'eus grand ſoin de lui inſinüer.

Ce n'étoit pas mal commencer ma carriere, les ſuittes furent auſſi avantageuſes, & en trois mois que nous reſtâmes en cette ville, je me vis parfaitement en bijoux, il eſt vrai que le Préſident ne fut pas le ſeul qui m'enrichit, je mis pour ainſi dire la Ville & les Fauxbourgs à contribution ; ce qui m'attira une ſcéne aſſés vive avec K ***, d'où s'enſuivit notre ſéparation.

Je ne fûs pas plûtôt libre,

que

que je me vis l'objet des ado-
rations d'un jeune Acteur qui
commençoit ainsi que moi ses
caravanes comiques : j'aurai
occasion de vous le faire connoître par la suitte. Il débuta
en forme vis-à-vis de moi, par
une déclaration en vers, car il
se piquoit de Poësie ; & quelques jours après, il m'envoya
à l'occasion de ma fête un gros
bouquet avec ces vers :

L'amour au lever de l'aurore,
Avoit dans les jardins de flore,
Cueilli ces fleurs , fait ce bouquet,
Et vouloit te l'offrir lui même :
J'en eusse été très satisfait ;
Mais il est d'un babil extrême ,
J'ai craint qu'il ne fut indiscret
Et n'allat dire que je t'aime ;
Ce compliment t'eut ennuyé ,
Peut-être excité ta colere.
Pour éviter de te deplaire

Je

Je l'ai rémis à l'amitié.
C'est de sa main discrete & Sage,
Belle ** que dans ce jour,
Tu recevras mon tendre homage ;
S'il obtient ton heureux sufrage,
Mou cœur t'assure du retour :
Mais cependant pour mon message,
J'aurois bien mieux aimé l'amour.

Quelques jours après je reçûs encore ceux-ci, qui ne font qu'un assés mauvais jeu de mots, mais les plus grands Poëtes ont du haut & du bas, l'un fait passer l'autre.

Certain *je-ne-sçai-quoi* fait que d'abord on aime,
On plaît aussi d'abord par un *je-ne-sçai-quoi* ;
Et sans *je ne sçai-quoi*, c'est une erreur extrême.
De se flatter qu'on peut mettre un cœur sous sa loi.

Vous l'avés belle Iris, ce *je-ne-sçai-quoi rare*,
Capable d'enflàmer le plus frigide Amant
Je le sçais, & j'en suis tout *Je-ne-sçai comment*.
Deignés avoir pitié de mon destin barbare,
Incomparable Iris, Soulagés mon tourment.

Je ne veux que trois mots, dits *je-ne-sçai-comment*,
Je ne demande rien qui vous soit impossible,
Ces mots r'animeront certain *je-ne-sçai-quoi*,
Qui déja vous peignant à mes desirs sensible,
Fait *je-ne-sçai-comment je-ne-sçai-quoi* dans moi.

Pourroit-on resister à de si belles choses, je ne m'en sentis pas la force, d'ailleurs je n'ai jamais eu le courage de voir soufrir quelqu'un, sans m'employer aussi-tôt à le soulager.

Cependant notre carriere étoit finie à Orleans, il fût question d'aller chercher ailleurs une fortune qui nous avoit tourné le dos dans cette ville ; Beaune fût le lieu privilégié, où l'on crût se réconcilier avec elle, mais il falloit s'y transporter, & c'étoit la difficulté. Comment partir

en

en effet sans argent & sans é-
quipage, car les Creanciers a-
voient fait tout saisir; il ne
restoit pour toute ressource au
Directeur, qu'une grosse montre à la Hollandoise, de pinchebek surdoré. Elle opéra cependant un miracle, & donna
dans les yeux d'un Voiturier,
qui jugeant de sa valeur par sa
circonférence & sa couleur, con-
sentit de conduire toute la troupe, & de la défrayer jusqu'au
rendès vous, moyennant le nan-
tissement du specieux Bijou.
On n'eut garde de trop disputer, & le traitté se fit au contentement des Hauts Contrac-
tans, avec cette clause expres-
se, de la part du Voiturier,

que

que faute de payment au bout
de huit jours , la montre lui
seroit dévoluë. Les choses é-
tant ainsi convenuës , on nous
empaqueta hommes & femmes
dans un charette à quatre
rouës. Quand je dis hommes
& femmes , j'entens seulement
par ces premiers , ceux d'entre eux dont l'engagement
portoit d'être voiturés par
Voiture Royale , les autres
eurent leur trente sols par huit
lieuës , selon l'usage , que leur
donna genereusement le conducteur , à compte sur la montre de pinchebek , dont il se fit
honneur tout le long de la route , affectant de la consulter aussitôt qu'il rencontroit quelqu'un

qu'un, je crois que pour plus d'oftentation, il l'eut volontiers attachée au collier de fon Cheval de monture, s'il n'eut craint l'effet des fecouffes.

Cependant nous nous mîmes en route, quelle bagarre ! Un tas de Femmes & d'Hommes veautrès pefle-mefle dans la paille, un cheval de fuplément, chargé d'une Nourrice tenant fon enfant dans un des paniers, accompagnée dans l'autre, d'un Singe & d'un Perroquet dans fa cage, & efcortée d'un gros de Galfretiers à trente fols par huit lieuës, † mal peignés,

† L'ufage des Comédiens eft que dans les voyages, les Acteurs principaux,

&

gnés, & portant l'épée en ban-
douliere.

La singularité de notre
marche attiroit partout des
curieux sur notre passage, &
plus d'une fois on nous deman-
da la Bonne Avanture. Le
meilleur encore étoit en arrivant aux lieux de repos, de
voir dans les Hotéleries maîtres, & maîtresses, servantes, &
valets, stupidement étonnés,
ne répondre à leurs nouveaux
Hôtes que par des ris
sous cape, & des chuchote-

mens

& ceux qui sçavent faire leurs engage-
mens, sont voiturez aux dépens du Directeur; les autres ont trente sols par
chaque huitaine de lieuës.

E

mens, se faire vint fois demander la même chose, & ne
servir qu'avec une répugnance
extrême, & dans tout ce qu'ils
avoient de plus vil, comme
s'ils se fussent défiés de la fidé-
litè & de la probité de la noble
compagnie. Quelle cohuë
d'ailleurs, l'une veut du Caffé,
l'autre du Thé, du Chocolat,
les Hommes jouënt, les Femmes jurent, & le Voiturier regarde quelle heure il est.

Je fûs si lasse la prémiere journée, de la turpitude d'une pareille maniére de voyager, que
je me séparai du reste de la
troupe, & faisant chercher
une chaise, j'y montai avec
mon Amoureux Poëte, & nous

nous

nous rendifmes à Beaune a-
vant les autres, & fans aucun
accident.

Je ne vous parlerai point
des vifites que nous firent, &
des prodiges d'efprit dont nous
rendirent témoins Meffieurs
les Beaunois, renommés à ce
fujet, pour en venir tout
d'un coup à notre début. La
troupe étant arrivée, on obtint
après bien des allées & venuës
une vafte E'curie dont les rate-
liers d'un & d'autre côté, à l'aide d'un médiocre changement,
nous fervirent de Loges pour
la Nobleffe; & pour Amphithéatre, on agença les lits des
Muletiers qui occupoient une
des extremités de l'emplace-

E 2   ment

ment. Le Théatre fût dreffé à l'autre bout, & garni de tapifferies, faute de décorations. Il fallut enfin débuter, & le choix de piece tomba fur la Zaïre de Monfieur de Voltaire, dans laquelle notre Orofmane ne trouva d'autre moyen de faire briller la magnificence Afiatique, qu'en fe fervant d'une vieille robe de Chambre, que lui prêta le maître d'un Tripot, & en empruntant d'une Femme qui occupoit le pofte du Théatre, un mouchoir de mouffeline, dont il entoura un mauvais bonnet rouge qui lui fervoit la nuit, & au devant du quel il attacha, par un furcroit d'ornement, fes bou-

cles

cles de souliers, se servant ce
jour-là de ses pantoufles de
Chambre.

Regis ad exemplum totus componitur orbis.

Le reste des Acteurs égaloit,
ou peu s'en faut, l'éclat du superbe Soudan. La piece enfin
alloit son train, lorsqu'au milieu du plus beau Morceau , &
lorsqu'Orosmane dit à Zaïre :

Il est trop vrai que l'honneur me l'ordonne,
Que je vous adorai , que je vous abandonne,
Que je renonce à vous, que vous le désirés,
Que sous une autre loi... Zaïre vous pleurés !

Une flammesche se détachant
d'une des Chandelles qui é-
clairoient le spectacle , tomba
sur son turban; ce que voyant
cette Femme qui lui avoit prê-

E 3

té

té son mouchoir, elle accourut aussitôt sur le Theatre, & le lui arracha, l'envoyant chercher ailleurs de quoi garnir son bonnet crasseux. Je vous laisse à penser quelle scéne ce dût être, & si, n'en déplaise aux beaux vers de Monsieur de Voltaire, on n'eut pas plus de plaisir de voir Orosmane métamorphosé en enfant de chœur, disputer sa coëfure avec cette Femme, qu'à l'évenement funeste qui termine cette Trajédie, & dont on se passa ce jour là, la piece n'ayant pas été plus loin.

Cet accident mit les Beaunois de si bonne humeur, qu'ils nous emmenérent tous souper,

après

après la Chercheufe d'Efprit ,
qui fupléa au denoûment de la
Zaïre , & dans laquelle je
remplis le rôle de Nicette.   Je
ne manquai point d'amoureux
ce foir là , & Bacchus allumant
les feux de l'amour, je reçûs
plus de dix mille rots en Sacrifi-
ce, à guife de foupirs. Telle eft la
galanterie du Pays , qu'affaifon-
ne encore des traits d'efprit
dignes d'être imprimés , auffi
en a-t-on déja régalé le public,
& je ferois en état de fournir
un nouveau fuplément à leurs
faits & dits fameux.

L'excellent Pays pour nos
Hommes ! ils ne defenni-
vroient point du matin jufqu'au
foir , nos Femmes mêmes ne

E 4   s'épars'épargnoient pas à partager leurs plaifirs, le vin couloit à grands flots dans leurs goziers alterés; de là l'entier oubli de minces recetes qui fe faifoient, de là D** perdit jufques au fouvenir de fa fuperbe Montre de Pinchebek, que le Voiturier, faute de payment, s'ajugea pour la fomme de trois à quatre cens francs qu'il avoit avancés, de là enfin la plus éclatante banqueroute, qui ne laiffa aux Directeurs, déja fort mal équipés, qu'un baton blanc à la main, & une chemife fur le dos. La plufpart des Penfionnaires furent réduits au même point, j'eus moi même des inte-

interêts à difcuter. On étoit venu mettre un *embargo* fur mes effets, comme appartenants à la Communeauté. J'eus affés de peine en cette affaire à percer l'épaiffeur du génie Beaunois, pour leur faire comprendre, qu'à moins de fociété dans la Direction, chaque Acteur étoit folé dans fes propres intérêts, & je ne pûs mie fauver des frais, qui heureufement ne furent pas confidérables.

Je reftai encore quelque tems à beaune, après la difperfion du malheureux *Troupaillon* comique, & il ne tint qu'à moi d'y former le plus fameux magafin des meilleurs vins de la Bourgogne, cha-

cun

cun s'empreſſoit & s'offroit de
me le remplir ; mais mon Hoteſſe de Paris me revint dans
l'idée, je me rapellai les ofres
qu'elle m'avoit faites de m'in-
troduire dans la finance, & je
reſolûs auſſitôt de partir.

Vous vous ſouvenés ſans
doute du nouvel amoureux
que je m'étois fait parmi mes
Camarades, il s'étoit attaché
à moi, & ne pouvoit me quitter, c'étoit un eſpéce de mari, du moins lui en donnai-je
le nom, en conſentant de l'a-
mener, & voici les articles du
contract que nous paſſâmes
verbalement entre nous.

Une femme au ſpectacle,
ou ailleurs a beſoin d'un ſu-
port,

port, c'est-à-dire d'un mari,
ou de l'équivalent qui puisse
dans l'occasion prendre son
parti, & la mettre à l'abri de
toute insulte.

Accordé.

Le dit Mari, ou tout ce
qu'il vous plaira, sera jaloux,
ou commode, suivant que
l'exigera l'intérêt commun,
& le besoin de duper les sots.

Accordé.

Il ne prétendra qu'un tiers
sur le produit du Négoce, comme étant le moins intéressé.

Accordé.

Dans les momens ou la con-
trac-

tractante sera intérieurement occupée des intérêts communs, il veillera dans l'extérieur à la sûreté du commerce ; n'y ayant rien tel que l'œil du maître, pour prévenir les événemens importuns &c.

Accordé.

Les droits du contractant n'auront d'autres bornes que celles que lui prescriront les circonstances.

Le tout bien & dûment arrêté & convenu entre nous, fut scellé du grand Sceau de l'amour ; & le départ fixé au lendemain : imaginés vous donc que je suis en route, tems pen-

pendant lequel on laiſſe la plume dans l'écritoire, ce que je
fais, en vous réiterant que je
ſuis toujours, ma chere amie,

Votre &c.

*A S ** ce 1 Mai*
1751.

P. S. Je vous envoye ci-
jointe une autre petite piéce
de mon Poëte, c'eſt l'hiſtoire
de nos amours qu'il a allego-
riée, & miſe en Cantatille, ſous
mon propre ſurnom de Ro-
ſe.

PA.

LE
PAPILLON FIXÉ

CANTATILLE.

OBjet dont mon cœur est charmé,
Rose vermeille, Rose aimable,
Mon amour est inexprimable,
Puis-je me flatter d'être aimé.

Toujours leger, toujours volage,
Toujours errant de fleurs en fleurs,
L'inconstance étoit mon partage,
Vous avés fixé mes ardeurs.
Objet &c.

C'étoit ainsi qu'à l'objet de sa flame
Un Papillon exprimoit ses désirs;
Sensible à ses tendres soupirs,
La Rose accepte enfin l'hommage de son ame.

Notre

Notre amant enchanté fent redoubler fes feux ;
De cent & cent façons il lui prouve fon zèle.
Il s'abbat, fe releve & voltige autour d'elle ;
    Par mille chifres amoureux
    Qu'il trace d'une aile legere,
    D'un amour conftant & fincére,
    Il peint la promeffe & les vœux.

    Pour fixer un Cœur volage
    Belles, ufés à propos
    Des charmes dont le bel âge
    Orne vos jours les plus beaux,

    D'une aufterité trop fage
    Evitez l'extrémité,
    Fuyez la févérité,
    Elle a trop peu d'avantage
    Pour fixer un cœur volage.

    Complaifances, foins reçûs,
    Pour foupirs, foupirs rendus,
    Même un peu de badinage ;
    On doit mettre en ufage
    Pour fixer un cœur volage.

MARI SURGIT AB ALTO.

VENUS
À
CONFESSE,

OU

Lettres d'une Comédienne
retirée du Spectacle, à une
de ses Amies.

TROISIEME PARTIE.

Fabula narrari creditur, historia est.

EN PHRIGIE.

Chez ESOPE, à l'Enseigne de la vérité.

MDCCLI.

VENUS
À
CONTRESSE,
OU

Lettres d'une Comédienne
retirée du Spectacle, à une
de ses Amies.

TROISIEME PARTIE.

Pulchra amari creditur, historia est.

IN PARIGIA.
Chez ESOPE, à l'Enseigne de la vérité.
MDCCLI.

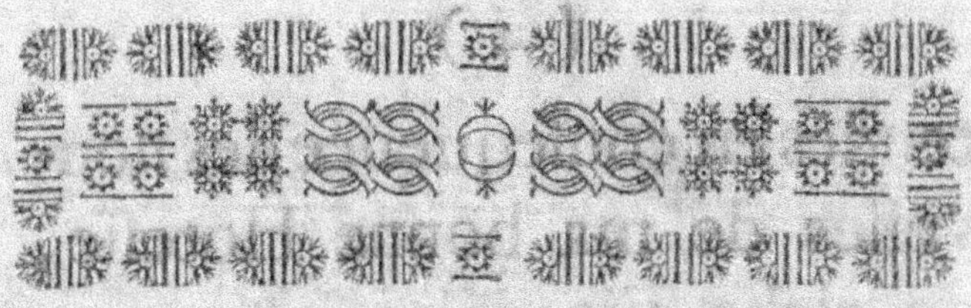

VENUS
À
CONFESSE,
OU

Lettres d'une Comédienne retirée
du Spectacle, à une de ses Amies.

LETTRE VIII.

MA CHERE AMIE.

VOUS m'avés vuë dans
ma derniere lettre, prê-
te à partir pour Paris, vous
m'y croyés sans doute, & vous

A 2

at-

tendés en conſequence des nouvelles de ma bonne Hoteſſe,
du riche Financier, & peut-
être quelque nouveau Sermon
de M. Loret, mais *l'homme
propoſe* dit le proverbe, *&
Dieu diſpoſe* : c'eſt ce qui m'arriva.

Je n'avois pû me dispenser
d'accorder encore un jour à
l'empreſſement & aux regrets
de mes bons amis Beaunois,
nous nous livrions au deſeſpoir, à l'aproche du fatal moment qui alloit nous ſéparer,
envain tachions nous d'en no-
yer le ſouvenir, nos larmes
n'en devenoient que plus a-
bondantes, & ſe confondoient
ſur nos viſages abbattus avec
les

les flots du Nectard Bourgui-
gnon, qu'epanchoient à la ron-
de nos mains mal - assurées.
Graces à la faveur du divin
Morphée, le sommeil vint enfin tirer un voile sur cette triste
scène, & faire diversion à nos
chagrins ; & nous surprit brus-
quement au milieu des débris
& du desordre ou nous étions
plongès, quel spectacle !

J'étois à peine remise du
trouble que tout ceci m'avoit
causé, lorsqu'on m'annonca la
visite du Sieur V*** Directeur d'une troupe de Comédiens. Il m'aborda avec un
fort joli compliment, & me
dit qu'une de ses Actrices ve-
nant de lui être enlevée sur la

 rou-

route par un Officier , il avoit a-
pris avec plaifir qu'il trouve-
roit en moi de quoi la rempla-
cer. Je lui repréfentai que n'é-
tant que commençante, je ne
ferois pas en état de tenir l'emploi de celle qui lui manquoit ;
M[elle.] me dit-il galamment,
quand on eft auffi jolie que
vous, on a toujours beaucoup
de talens, & le Public eft rarement contraire à un jolie figure. Un inclination fut ma
réponfe, & nous paffâmes engagement pour moi & mon
Mari ; vous vous fouviendrés
quel il étoit.

Comme notre équipage é-
toit tout prêt, nous ne cau-
fâmes aucun retardement à la
troupe,

troupe, & nous primes aussitôt la route de Marseille.
Quel differend aspect me
frapa dans mes nouveaux Camarades! Tout y portoit un
air d'aisance, j'ose même dire
de distinction, l'abondance &
les plaisirs marchoient sur nos
pas, chaque instant en faisoit,
naître de nouveaux; en voici un
entr'autres, que nous ménagea
un de nos Acteurs, en par-
tant de Lion.

Nous marchions six Chaises
de compagnie, sans compter
celle du Directeur qui étoit fort
propre; le reste de nos Hommes étoit à cheval. Il en fit
mettre six en *volans* rouges, à
guise de Valets de Pied, les

                     autres

autres comme valets de Chambre & Officiers, s'habillerent selon leur caprice, & lui même mettant un habit en broderie, avec un Ordre deſſus, auquel il joignit un grand Cordon rouge, il s'honora d'un titre étranger, avec le quel il s'attira le reſpect de tous les lieux où nous paſſions. Il étoit comme de raiſon à la tête, dans la Chaiſe du Directeur, avec la Directrice qui s'étoit miſe pour la même Comédie, en négligé de campagne, mais magnifique. C'étoit un plaiſir de voir nos gens diſputer aux Maîtres & Maîtreſſes des Auberges l'honneur de ſervir eux mêmes LEURS ALTESSES, &

l'af-

l'affluence des Payſans qui venoient les voir manger. Nous
jouïons un jour la même Comédie dans un gros bourg,
dont le nom m'eſt échapé,
lorſqu'un député vint demander de la part du Magiſtrat,
s'il pouvoit rendre ſes devoirs
au Prince & à la Princeſſe, qui
pouvant à peine s'empêcher de
rire, le firent remercier, & tenir
quitte de ſa bonne volonte, mais
Mr. le Bailli qui auroit crû
manquer à ſon devoir, fit
mettre auſſi-tôt toute ſa pay-
ſannerie ſous les armes, & vint
ainſi en bon ordre complimen-
ter LEURS ALTESSES aux
quelles il preſenta des fruits
portez par de jeunes Payſan-

A 5   nes.

nes. Ce fut en cette occasion que nos deux Acteurs firent voir qu'il étoient grands Comédiens, par l'air de noblesse & de dignité avec lequel il reçûrent ces honneurs. La harangue du Bailli fut longue & ennuyeuse, comme elles le font presque toutes, mais la sienne surtout; elle étoit sans préparation. Après une courte réponse, Son Altesse invita Mr. le Bailli de s'asseoir à sa table, ce qui le transporta si fort qu'il en perdit presque le peu d'esprit qu'il avoit. *à boire à Mr. le Bailli*, ajouta la Princesse, *tope, allons mes enfans*, ajouta-t-il, en se tournant vers ses paysans qui é-

toient

toient en armes devant les fenêtres, *à la fante de Mr. & de Me. la Princeffe qui ont bien voulu nous faire l'honneur que d'honorer notre Bourg de l'honneur de leur préfence,* puis de boire, & les paifans de faire, en criant vive le Prince & la Princeffe, une dé-charge de leurs vieux mous-quets dont deux ou trois cre-verent, heureufement fans bleffer perfonne. On fe pré-para enfin à partir, mais avant de le faire, le Bailli requit ref-pectueufement Son Alteffe qu'il lui fut expédié un acte de fa part, faifant foi à tous préfens & à venir de l'hon-neur qu'il lui avoit accordé

de

de l'admettre à fa table; ce qu'il obtint, & je ne doute pas que le bon Bailli ne s'en foit fait par la fuite un titre de Nobleſſe: Il y en a beaucoup qui ne font pas mieux fondés. Ce fut mon poëte qui exerça en ce cas l'office de Secretaire, après quoi nous partîmes, escortés juſqu'à cent pas du bourg, par tous les habitans ſous les armes, qui nous firent leurs adieux par une nouvelle décharge.

Cette avanture nous avoit extrêmement divertis, & nous nous propoſions bien de profiter de tout le plaiſir que notre Farce pourroit nous procurer le long

de la route , pensant n'avoir
affaire qu'à des paysans, mais
les Villes voulurent imiter les
Villages , & nous ne fumes pas
plutôt entrès dans Avignon ,
que le bruit de notre Arrivée
s'étant répandu , il nous vint
un Gentilhomme, pour com-
plimenter leurs Altesses, de la
part du Vice-Legat , Gouverneur de la Ville , pour le pape.
Nous fûmes extremement surpris , effrayés même , lorsqu'on nous l'annonça, cependant il falloit prendre son parti promptement , & se tirer
d'intrigue comme on pourroit-
on étoit assés embarassé, la Comédie pouvoit devenir traji-
que; n'importe, l'intrepide R***

vou-

voulut foutenir la gagûre, &
préfentant un front téméraire
à l'orage qui grondoit, il donna fiérement fes ordres pour
l'introduction du député ; mais
que devint fon effronterie, en re-
connoiffant dans le Gentilhomme du Vice-Legat, un Officier François, avec lequel il
avoit été extremement lié en
Flandre, & qu'une affaire d'honneur avoit obligé de fe refu-
gier en terres papales ? fon
embarras fe manifeftoit dans
toute fa perfonne, il ne fçavoit que dire. ,, Raffure-toi,
,, mon Ami, lui dit auffi-tôt le
,, Gentilhomme, j'aplaudis à la
,, Comédie, mais tu es bienheu-
,, reux que j'aye été choifi pour

cet-

„cette Ambassade, personne
„en effet n'est mieux informé
„que moi de tes Principautés,
„je t'ai vû tant de fois sur le
„Trône, & dans les honneurs
„suprêmes, qu'il n'est guéres de
„Prince qui le soit autant que
„toi, ainsi reçois le compliment
„du Gouverneur, & mettons
„nous à table : j'espere que leurs
„Altesses voudront bien m'accorder cet honneur." Aussitôt
dit, aussitôt fait, on fit servir,
& nous nous divertîmes extremement des plaisirs que nous
procuroit notre Farce. Le
Gentilhomme fut surtout charmé de l'histoire du Bailli.
parbleu dit-il les Soldats du
Pape ne vous feront pas moins
d'hon-

d'honneur que les payſans de
***, laiſſés moi faire. Envain
nous nous oppoſâmes à cet
excès d'honneur qu'il vouloit nous faire, en lui faiſant
ſentir les conſéquences; rien
ne pût le faire changer de deſſein, le ruſé Compere avoit ſon
projet, & nous fumes obligés
d'y ſouſcrire. Il fut donc rendre compte de ſa commiſſion,
& ne cacha point au Legat qui
nous étions, l'avanture parût
ſi comique à ce vénérable lieu-
tenant du St. Pere, qu'il voulut
nous voir en cet équipage, &
donna ſes ordres pour nous
faire conduire à ſon palais, en
conſéquence, nous vîmes bientôt revenir à nous le Gentil-
hom-

homme à la tête d'un détachement des gardes qui escorté-
rent nos Chaises, non jusqu'à
la porte, comme nous le pen-
sions, mais jusques chés le
Gouverneur. La frayeur nous
prit alors, & nous nous crû-
mes perdus. Cependant le vi-
ce Legat à une des fenêtres de
son palais, consideroit notre
cortége ; il fit aussitôt inviter,
leurs Altesses à le visiter, ce
fut son terme. Vous jugés
bien qu'il fallut obeir, „coura-
„ge, dit alors le Gentilhomme
à nos premiers Acteurs, „cou-
„rage, voici le plus interressant
„de votre Piece, ne vous rela-
„chés pas, mais redoublés vos
„efforts, la Comédie plaìt, so-
B yés

,, yés fûrs du fuccès. Notre Prince entendit à demi mot cette
infinüation, & parut devant.
fa future Eminence * dans
toute la Majefte Théatrale. Il
lui fit un compliment court,
mais bien tourné , au quel
elle repondit en riant de tout
fon cœur, & baragouinant un
peu à l'italienne ,, qu'il auroit
,, été indigne de l'honneur que
,, fon Alteffe lui faifoit de paffer
,, dans fon Gouvernement, pour
,, fe rendre en fes Etats, s'il n'a-
,, voit pas fait fon poffible pour
,, l'arréter au moins quelques
,, jours, & la traitter felon fon
mé-

* La vice-légation d'Avignon eft un de-
gré qui conduit à la légation de France,
& de là au Cardinalat.

„ mérite. Enfin le badinage fut
pouſſé fort loin, & le réſultat
fût que nous jourions une ſemaine dans la Ville. Telle fut le
dénoûment de notre Comédie,
dont nous fûmes fort contens ;
puiſque tous frais faits, nous
emportâmes cent piſtoles de
quitte, qui ne nuiſirent pas à
la bonne humeur où nous é-
tions.

Sans vous arreter par le ré-
cit inutile du reſte de notre
voyage qui n'eut rien de particulier, je vous ménerai tout
de ſuitte à Marſeille.

Cette Ville eſt aſſés favora-
ble au Spectacle, & nos Directeurs n'eurent point à ſe repentir de nous y avoir con-
B 2　　　　duits,

duits, j'y fis moi-même affés bien mes affaires, ainfi que vous le verrés par la fuitte de ces Mémoires : mais comme il pouroit être ennuyeux de voir paroitre toujours le même Acteur fur la Scene ; Je vais coudre ici un épizode, qui fous le bon plaifir du Lecteur, m'aidera à parvenir au but que je me fuis propofé, de fournir 12 parties de mon grifonnage, & je tacherai de le faire auffi adroitement que mes Confreres les Barbouilleurs de papier : pretés y attention.

J'avois pris à Marfeille l'habitude de rédiger par écrit ce qui pouvoit m'arriver de remarquable, fachant que rien n'eft

in-

indifferent dans la vie d'une Comédienne. J'étois un jour dans cette occupation, lorſque je reçûs la viſite d'un de mes Confreres qui me propoſa pour augmenter mon volume, de me faire part de ſes propres avantures, j'acceptai la propoſition avec plaiſir, & quelque tems après je reçûs le manuſcrit dont je vais vous faire part.

Ce n'eſt donc plus une Comédienne, mais un Comédien qui va parler, voyons s'il aura plus d'eſprit: vous en jugerés, en attendant, croyés moi toujours, ma chere amie.

Votre &c.

*A S** ce* 10 *May.*
1751.

HIS-

HISTOIRE DU S. D. H. M.

JE ne dirai rien de mes Parens, l'anonime m'eſt trop cher, pour vouloir me découvrir moi même : d'ailleurs les eſprits chagrins pouroient me taxer d'orgueil, ſi j'en parlois trop avantageuſement , les moins prévenus renverroient l'éloge au ſtile du Roman, & puis quels qu'ils ſoient, il eſt aſſés inutile qu'on les connoiſſe, pour aprendre ce que j'ai à dire : c'eſt de moi ſeul dont il eſt queſtion.

J'étois à peine entre les bras de la jeuneſſe, que je paſſai, ou crûs

crûs paſſer entre ceux de l'a-
mour, car je ſuis réellement
encore à décider, ſi j'aimois,
quoique je rempliſſe toutes les
fonctions des Amans.

J'avois un compagnon de
collége chés qui j'allois fort
aſſidûment ; mais pour lui,
bien moins que pour ſes ſœurs,
qui avoient quelque choſe de
plus attrayant pour mon cœur.
je n'avois point encore décidé
la quelle me plaiſoit plus, &
je vivois entre elles à la bonne
foi, lors que me trouvant un
jour ſeul avec la ſeconde, que
je nommerai Margothon . . .
Margothon, dira peut-être quelque critique desoeuvré, *voi-*

là un nom bien bourgeois! par-
bleu, pas plus qu'un autre, re-
pondrai-je avec Lifimon ; *
D'ailleurs ce n'eft pas ma
faute, & je dois être vrai.
Un jour donc que je me
trouvai feul avec Melle. Margothon, elle me parla fi ambi-
gûment de certaine matiére,
qui probablement devoit m'ê-
tre inconnuë ; que je ne doutai point qu'elle ne me fit une
efpece de déclaration, par la
comparaifon que je faifois de
fa façon d'agir, avec certains
traits que j'avois lûs depuis
peu dans certains livres nou-
veux, car j'étois grand lecteur de Romans, enchanté

fur-

* Dans le glorieux.

furtout des *Cirus* & des *Po-
lexandres*. Je repondis auffi
bien que je pouvois, & dès ce
moment l'intelligence fut par-
faitte. Pour moi me croyant
déja un homme d'importance,
par ce commencement d'avanture, je voulus me mettre
dans les regles & avoir des
confidens ; tout fut bientôt
trouvé, & les lettres allérent
auffitôt leur train, quoique
nous nous viffions tous les
jours & prefque à toute heure.

Que j'étois heureux! fi pour
pour l'être, il ne faut rien dé-
firer. Rien ne m'étoit refufé, j'avois toute permiffion,

& mes mains libertines jouiſſoient d'une entiére licence, mais c'étoit tout, je n'en ſçavois pas davantage.

C'eſt bien ici, je crois, la place de faire connoître ce premier objet qui mit mes paſſions en mouvement. Melle. Gothon. ah! paſſe, ceci ſera plus mignard. Melle. Gothon étoit une fille de 23 à 24 ans (j'en avois 15 à 16) médiocrement grande. Son viſage n'avoit de régulier que la délicate cizelure dont la petite vérole l'avoit richement orné. Ses yeux bleus étoient languiſſans & bien fendus. Le plaiſir & les Soupçons de volupté que mes in-

innocentes careffes pouvoient lui caufer, lui prêtoient feuls un vermillon que l'avare nature lui avoit refufé. Sa bouche étoit grande & bien dentée, fon menton fec & fourchu, pour fa gorge qui étoit plus que médiocre, un fort ruban avoit foin de l'élever & de la gonfler : avec tout cela Melle. Gothon étoit une petite laidron, felon moi fort aimable.

Une intrigue de cette conféquence ne devoit pas être fans trouble & fans embarras. J'avois les yeux de trois Sœurs jaloufes à tromper, la vigilance d'une Mere à éviter, & la bêtife d'un Frere à fuporter,

en

en effet B**** étoit alors, &
est encore, je m'assure, le plus
franc animal de la terre. Autant ses Sœurs étoient frin-
guantes & éveillées, autant
étoit-il engourdi & bouché.

Le rang d'ainée qui aparte-
noit alors à ma Maîtresse, &
son tour de se soumettre à l'hymen, lui attirérent quelques
soupirans l'un après l'autre.
J'eus recours à la ruse, qui
nous en débarassa, un seul ne
céda qu'à la force. Je revenois
triomphant de cet obstiné; le
hasard qui m'étoit ce jour là fa-
vorable, me fit trouver ma
charmante seule, bonheur où
j'aspirois depuis long-tems, &
dont j'espérois profiter pour

ac-

acquerir des connoiſſances que je ſentois bien qui me manquoient, & faire les plus belles choſes du monde. La ſenſible Gothon, m'acca-bloit de careſſes, m'apelloit ſon Héros, ſon Libérateur, nous étions ſeuls, la liberté regnoit autour de nous, l'occaſion é-toit belle, je la ſaiſis. Déja le ſémillant badinage avoit ſuccé-dé, Gothon ne faiſoit plus qu'une réſiſtance agaçante, & qui ſembloit m'exciter à plus de violence. Les yeux tendre-ment attachés ſur les ſiens, qui ſe perdoient déja dans les idées de la volupté, j'allois pouſſer l'avanture à bout; quand par un reſte de façon, elle prononça ces funeſtes pa-

roles

roles, qu'entrecoupoient ſes ſoupirs précipités ; *hélas ! qu'allés vous faire ? A quoi nous expoſerons nous ?* Je ne ſçaî ſi elle étoit au fait des dangers, mais ſemblables à un coup de foudre, ces mots pénétrérent juſques au fond de mon cœur, & me découvrant un avenir terrible, oú je n'avois pas encoré l'expérience de trouver de remede ; je me relevai, brulant de deſirs, que je n'oſois plus ſatisfaire. Moins vive que moi, la façoniére regretta, je crois, d'avoir parlé, & ne ſe preſſoit pas de corriger le déſordre où je l'avois miſe, mais il n'étoit plus tems, l'inſtant étoit paſſé.

Voilà

Voila la prémiere époque d'un certain efprit philofophique qui m'a quelquefois mis au deffus des fens ; ou plûtôt , c'eft le fondement de mon doute, fi j'aimois ou n'aimois pas : j'en laiffe le jugement au lecteur tranquile & desinterreffé.

J'étois cependant parvenu à l'âge de 18 ans , & mon petit colet (j'ai oublié de dire que me deftinant à l'état écclefiaftique , on m'en avoit fait prenles marques des l'âge de 10 ans) mon petit colet, dis-je, commençoit à me péfer furieufement , quoiqu'on me l'eut doré, en me laiffant la difpofition du revenu d'un petit Bénéfice dont on m'avoit honoré.

Je

Je ne trouvois plus aucun goût au titre trop multiplié de Mr. l'Abbé.

Il n'est pas jusqu'au fils d'un Savetier crasseux
Qui de Monsieur l'Abbé prend le titre pompeux.

Les conséquences m'impatientoient, j'avois déja commencé de les mettre sous le pied, ma Mere en gémissoit, mais ne croyant pas devoir m'immoler à ses fantaisies, je la laissai dire, & j'écrivis à un Officier de mes parens, qui avoit autrefois proposé de m'emmener avec lui. Je me félicitois en attendant ses réponses, de l'heureuse métamorphose qui alloit s'opérer en moi ; *un plumet*, me disois-je, *un point d'Espagne,*

gne, cela me fiéra beaucoup mieux qu'un petit colet.

Vive un habit brodé, morbleu, vive un plumet
Sous un pareil harnois on eſt à l'avantage,
On brave les diſcours de tout le voiſinage,
On agit bien ou mal ſuivant ſon ſentiment
ſans que qui-que-ce ſoit s'en' mêle aucunement.
Mais avec ce chiffon, au public intraitable,
Detous ſes mouvemens on ſe trouve comptable.

Mon eſprit ſe promenoit ainſi dans les avantages de mon futur état; quelle fut ma douleur & la chute de mes eſperances, en aprenant la mort de mon parent! dans le deſeſpoir où me jetta cet accident, je m'en pris à tout, j'étois furieux, je voyois tout d'un coup l'édifice de ma fortune ſe renverſer ſur les fondemens que je venois de lui bâtir. ma

Mere eut la premiére à fou-
frir de mes reproches, je lui
dis qu'elle feule avoit mis ob-
ftacle à mon bonheur, en
m'empêchant de fuivre mon
Coufin, lorfqu'il m'avoit de-
mandé. Elle eut beau me repondre, que je n'avois moi même témoigné aucune envie de
le fuivre, ce fut envain, je
voulois avoir raifon, elle fut
obligée d'avoir tort.

Un malheur ne va jamais
feul, cet événement fut fuivi
du mariage imprévû de mon
infidelle Maîtreffe, ce qui précipita mes réfolutions intimes. Je ramaffai mes deniers,
& faifant mon petit équipage,
fans donner avis à perfonne.

Je

Je partis un beau matin, & fûs me défroquer à Paris.

Mon étonnement en arrivant dans cette grande ville, ne fut point tel qu'on pourroit l'attendre d'un Provincial qui n'avoit jamais quitté ses foyers, que pour se transporter de sa Ville dans une maison de campagne. Je n'y vis rien dont je ne me fusse formé l'idée, c'étoit beaucoup encore que rien ne fut au dessous de celle que j'en avois concuë: Paris dès le lendemain ne me fut que ce que me seroit toute autre ville en pareil cas.

Plein des espérances que la lecture d'une partie de nos romans modernes m'avoit donnée sur le

train

train de Paris, ou il semble selon eux, qu'un jeune homme passablement bien, n'a qu'a paroître, pour se voir au comble des plaisirs & de tous les souhaits ordinaires à la folle jeunesse, je pris des airs de petit-maître, & m'affichai dans tous les spectacles : ils étoient & seront long tems ma passion dominante.

Je fis dans ce tems connoissance avec une fort aimable fille (aimable du côte du caractère, car elle étoit aussi mal partagée du côté de la beauté que Mademoiselle Gothon ; & telle est la fatalité de mon étoile, que je n'ai jamais aimé de belle femme) c'étoit où je passois mes plus

doux

doux momens. Libre des foupçons & des chagrins de l'amour , notre commerce reftraint dans les limites d'une amitié, un peu libertine à la verité, étoit d'autant plus doux qu'il ne reffembloit à rien , & confiftoît moins dans quelques legéres efquiffes de volupté , que nous ne fongions pas même à couronner, que dans les plaifirs d'une converfation libre. Tout étoit commun entre nous, jufques à la bource. Enfin Melle. Catinette étoit un excellent bijou à mettre en oeuvre ; tout flattoit en elle, fentimens aifés & délicats, générofité incomporable, faillies brillantes, vivacité douce, hu-

meur

meur adorable, goût décidé pour les plaisirs, chantant bien, dansant mieux… pourquoi étoit-elle laide ?

Je commençois alors à prendre un goût d'attachement pour le théatre, la vie des Comédiens me paroissoit adorable ; d'ailleurs je m'étois senti de bonne heure une espece de fureur pour la poësie, sans y avoir fait jusqu'a present grands progrets, & j'esperois en prenant ce parti, acquerir une plus parfaite connoissance du théatre. Je travaillois donc à mettre mon dessein en exécution, lorsque je reçûs une lettre qui m'ordonnoit de me rendre à Montpellier, pour y étudier la Mé-

Médecine, ce qui me parut un
grand acheminement à mes réfolutions, par l'éloignement où
cela me mettroit de tout fur-
veillant. Je communiquai ces
ordres à ma bonne amie, &
nous nous quittâmes les larmes aux yeux, mais en nous ju-
rant une amitié éternelle, que
nos lettres devoient entretenir; mais autre tems, autres
foins, & les abfens ont tort.

La mufique que j'ai toujours
cultivée me procura dans ce
nouveau pays de tres agréables connoiffances, & me lia
extrêmement avec un Chanoi-
ne fort aimable homme. L'Abbé M ** eft un de ces tendres,
de ces galans débauchés que

C 4

le

le plaiſir ſuit partout, & qui font la joye des Compagnies ou ils deignent ſe produire. Univerſel dans ſes goûts, il eſt toujours du vôtre. Tous les inſtrumens lui ſont familiers, Poëſie, Morale, Théologie, il parle de tout. Médecine, Phiſique, Hiſtoire Naturelle &c. Il ſçait tout, hors le Calendrier, ſi ce n'eſt celui de ſa Cave.

Mr. B ** Préſident ; chés qui l'on concertoit ſouvent, eſt un petit homme un peu fat & fort ignorant, même en muſique, quoique ce ſoit ſon goût dominant. Son Concert étoit ſoutenu par nombre d'Amateurs, & par trois Demoiſel-
les

les ses sœurs. l'Ainée laide comme un Demon, chantoit comme un Ange. La seconde belle comme un Astre chantoit comme un pot cassé. La troisiéme partageoit le beau & le bon de ses sœurs, mais elle étoit boiteuse ; c'étoit dommage en vérité.

Un autre Président entêté d'une vaine noblesse, qu'il tire, en dénigrant son nom, d'un certain Cardinal *Agrifolio*, en ligne droite, ou orinsontale, comme on voudra, est un espece de bibliomane, fort curieux en livres qu'il lit, & n'entend, je crois, guéres. Celui-ci n'avoit l'honneur de ma connoissance qu'en faveur de

sa

ſa Bibliotheque qui étoit à mon ſervice.

Mr. le Chevalier de F** dont le ſouvenir me ſera toujours précieux, par l'amitié dont il m'honoroit, étoit un homme du plus rare mérite, mais conſumé de langueurs & d'incommodités. Son cabinet étoit rempli de mille curioſités. Je lui dois le peu de goût que je poſſede aujourd'hui, c'étoit le cher confident de mes petits amuſemens poëtiques. Telles étoient les perſonnes que je cultivois le plus fréquemment, ſi vous en exceptés mes Camarades les étudians, avec qui je faiſois ſouvent de bons coups. Cependant l'amour reſ-

respectoit le cours de ma vie,
mes études m'occupoient, la
musique & les visites me dissi-
poient, mais rien ne pouvoit
me distraire du dessein de monter au théatre, c'étoit une fureur que rien ne pouvoit mo-
derer, je n'attendois que le
moment de la satisfaire.

On vit alors arriver à Montpellier un troupe de Comédiens assés délabrés, sous la direction de Beau**. J'eus bientôt fait connoissance avec eux,
en les régalant, & leur donnant à jouër une petite Comédie que je venois de faire Je
leur fis ensuitte l'ouverture de
mon dessein, & ils m'accepté-
rent à bras ouverts, mais l'heu-

re

re n'étoit point encore venuë, & la malheureuse troupe fut faire banqueroute à Nismes.

Cependant mes études finissoient, je venois d'endosser cérémonieusement les haillons rapetassés, qu'on qualifie de *Robe de Rabelais*, lorsqu'une nouvelle troupe vint r'animer mes esperances. Sim* Moy* qui la conduisoit, me donna rendés vous pour l'hyver à Marseille, ou il devoit se rendre. Je me crûs au comble de la félicité, mais j'avois encore bien des pas à faire. Aucun Comédien n'a je crois fait un pareil noviciat.

Quoiqu'il en soit, je me trouvai deux mois à l'avance au rendés vous, tant j'avois peur d'y manquer. Je fis connoiſſance en attendant, avec un Dame allemande, fort jolie. Je lui rendois de tres fréquentes viſites, & mon pretexte étoit de lui porter des livres, que j'empruntois ailleurs. Je remarquai bientôt que je faiſois chaque jour des progrès dans ſon eſtime, elle commençoit de m'en donner des marques non équivoques, il ne tint qu'à moi d'en profiter, & je ne le voulus pas, mais la fortune m'en punit cruëllement.

J'allai la voir un jour, ſans lui remettre mon tribut ordinaire. après quelques momens de converſation, je fis en-

forte de lui faire apercevoir
un livre dans ma poche. Sa
curiofité le défira dans l'inftant,
j'héfitai, pour l'exciter d'avantage, elle me pria, je me rendis à condition que nous le li-
rions enfemble , elle y con-
fentit : c'étoit le P. D. C. lecteur efficace, quand un Cavalier la fait à une Dame ; j'en
vis bientôt l'effet. A chaque
page de ce voluptueux livre,
le poifon s'infinüoit dans nos
veines, chaque portrait nous
enflamoit,chaque attitude nous
mettoit en mouvement, chaque careffe excitoit les nôtres,
ma tendre compagne perdoit
la raifon ; fes yeux chargés
de volupté s'attachoient fur

moi

moi, une défaillance totale la saifit & la renverfa fur le pied du lit, où nous étions étions affis, l'heure du berger fonna, mais encore un peu maître de mes fens, je parus n'y faire aucune attention, & m'empreffai à lui donner des fecours qu'elle ne défiroit pas. Cette glace au milieu du feu qui nous confumoit, la furprit & la rapella en quelque façon à elle, Elle rougit, & parût affés mélancolique, jufqu'au moment où je fortis.

Quel Philofophe eft-ce là! s'écrira le lecteur fenfible, c'eft bien pis que l'avanture de Margothon! il faut étre paitri de tous les glaçons du Nord,

pour

pour conſerver tant de ſang-
froid dans une pareille rencontre ; ou du moins avoir une
extrême défiance de ſes pou-
voirs ; & alors quel effort de
raiſon ! Tu l'as dit pénétrant
Lecteur, & cet effort eſt d'autant plus grand, qu'il n'étoit
produit ni par les glaçons du
cœur le plus ſuſceptible , ni
par aucune défiance , ſoit dit
ſans gaſconnade , mais par pure délicateſſe de ſentiment : je
venois de reconnoître en moi
depuis quelques jours , des ſui-
tes d'une galanterie d'Avignon
ou j'avois paſſé , & j'eſtimois
trop ma Dame Allemande ,
pour lui faire un ſi mauvais
préſent. N'importe diront
peut-

peut-être quelques libertins,
il falloit profiter du moment,
& brufquer la fortune ; non,
mes petits Meffieurs, c'eft tout
ce qu'on pourroit faire dans
une rencontre fortuite ; mais
j'étois fûr du cœur de ma Dame, & je n'apréhendois pas qu'il
m'echapât : il en arriva pourtant autrement. Pour ne pas
m'expofer à pareille avanture,
je fûs quelque tems fans voir
la belle, & ne m'y prefentai
qu'en bonne difpofition, mais
je la trouvai moribonde, & le
fort enfin en décida au bout
de quelques jours. Quels furent mes regrets.

J'étois dans la mauvaife humeur de cette avanture, lorf-

que

que les Comédiens mirent au
théatre une mauvaise Farce,
fous le titre du *Fortuné Mar-*
feillois, à la quelle le Public
accordoit les plus brillans a-
plaudiffemens, parcequ'elle é-
toit lardée de proverbes & de
quolibets Provençaux.   Je ne
pûs fouffrir une fi énorme pré-
vention, & m'armant d'un fi-
flet terrible, je contreba-
lançai, du moins par le bruit
l'éclat bruyant des mains. On
fut furpris de mon audace, &
un Garde du Gouverneur vint
refpectueufement me demander fi c'étoit moi qui fiflois
ainfi, contre les ordonnances.
Je lui repondis qu'étant Etran-
ger, je les ignorois, & qu'il me

fuffi-

suffisoit de son avertissement ;
mais ajoutai-je, la police de-
vroit bien avoir égard à ne
pas soufrir qu'on exposât sur
le Théatre des impertinences
& des sottises pareilles, qui
doivent révolter tout homme
de sentiment & de bon goût.
Mon avis fut écouté, & quatre Algoüasils vinrent un moment après m'enlever du milieu
du parterre, & me conduisirent
chés le Magistrat, pour en ê-
tre remercié, du moins ie l'ima-
ginois ainsi. Prévenu du sujet
qui lui attiroit ma visite, il me
félicita sur mon zèle pour les
bonnes mœurs, & m'envoya
sous la même escorte, au fort
St. Jean, pour dresser, me

D 2   dit-il,

dit-il, plus à loisir une notte & un *index* des bons conseils que je pourrois trouver pour réformer la Police. Je fûs choqué de l'ironie de son compliment, & faisant signe à mes gardes, je lui tournai les talons, sans deigner lui repondre, & marchai vers mon hôtel, où je fus logé en tres nombreuse Compagnie. Ce fut envain que je representai à Mr. le Chatelain que j'aimois la solitude, & que le moindre petit cabinet me suffiroit ; il me répondit avec toute l'urbanité de ses pareils, q'il n'avoit pas d'autre apartement pour le présent, parce qu'on bâtissoit. Je faisois encore quelques difficultés,

cultés, mais pour les abréger,
il me poussa dedans si poliment, que je fus à quatre
pieds de là, donner du nés
sur le plancher : ainsi j'entrai
en confraternité avec les plus
honnêtes gens & les plus sin-
céres que j'aye jamais connus ; car la Société formoit
ces deux sectes. Les uns ac-
cusés sans preuve, & enfermés
sur de simples soupçons, ni-
oient tout ; les autres convain-
cus de leurs crimes, en con-
venoient hautement, & tous
également me parurent insen-
sibles à leur état.

Il étoit tard, & près de neuf
heures du soir, lorsque j'entrai
dans l'apartement, déja la plus-

D 3

part

part des habitans étoient éten-
dus fur leurs lits de repos, où
l'on m'invita de prendre place, mais plein de rancune contre le railleur Conful, je fûs
affés impoli pour ne repondre
à cette invitation que par un
coup d'œil méprifant.   Je me
promenois à grands pas, & je
les menaçois d'une mauvaife
nuit, lorfqu'un Soldat Defer-
teur, & affaffin de fon Capitai-
ne, ainfi qu'il le difoit claire-
ment ; vint me prefenter la
carcaffe d'une chaife, pour me
repofer pendant la nuit, pré-
voyant ma délicateffe à me
mêler parmi les autres ; *mais
patience* ajout-a-t-il, *tout cela
paffera, on s'accoutume à tout,
&*

& je veux morbleu que vous soyés bientôt un de nos intimes.

Je m'ageançai le moins mal qu'il me fut poſſible, & paſſai une nuit des plus triſtes; mais à peine les premiers rayons du ſoleil avoient frapé la lucarne de notre hoſpice, que je me vis délivrer: on faiſoit grace me dit-on, à ma qualité d'étranger.

Que de réflections n'ai-je pas fait depuis ſur la ſageſſe de cette police! par là les ſpectacles ſont tranquiles, & ne ſont point à la merci du premier étourdi qui n'ecoutant que ſon caprice, ſifle de gayté de cœur, & quelque fois *à propos de bottes.* Si cet ordre eut été obſervé

en

en certain endroit, où je me suis depuis trouvé, je n'aurois pas été obligé de donner cette leçon publique au Parterre.

Air : *Vau. de la cher. d'esprit.*

Un rien trouble un Acteur timide,
Le siflet alors l'interdit ;
Mais que l'indulgence décide,
Sensiblement il s'affermit,
Prenés la donc toûjours pour guide,
Votre contentement s'ensuit.

Je m'occupois cependant toûjours, & venois d'achever une Comédie que je présentai à S**, pour tacher de m'indemnifer des remifes qu'il me donnoit chaque jour : ma Piece ne fut pas plus heureufe que moi ; on l'accepta à la vérité, mais on on m'assura ne pouvoir la joüer qu'à Bordeaux, si je voulois m'y transporter, & que là, on m'admettroit aussi dans la troupe. Cette promesse m'eut fait voler aux Antipodes, on peut juger si je balançai à l'accepter; mais il falloit de l'argent, & c'étoit le diable, j'en trouvai pourtant, peu ou prou, & M**, en lui consignant mon ouvrage, m'avança trois loüis, avec quoi j'entrepris fiérement le voyage.

Je consultai ma carte Géographique, & voyant que ma route se pouvoit toute faire par eau, j'en fus charmé; cette voiture est tres douce, & la moins conteuse, ce qui répon-

doit

doit bien à l'état de mes finances;
ainfi je montai fur une Tartane
chargée pour Cette. Nous for-
tîmes du Port avec un fort bon
vent, mais nous n'eumes pas
plûtôt doublé *le cap*, *le pro-
montoire*, ou la pointe, comme vous voudrés, qui termine la rade; qu'il devint fi violent, qu'il nous fut impoffible
de tenir la mer d'avantage.
Nous allâmes donc nous mettre à l'abri dans un petit port,
dit *le port du bouc*, ou nous
reftâmes enfermés pendant
cinq jours.

On juge bien que ce que
nous étions de Paffagers, nous
nous fimes mettre à terre, où
toute notre occupation, en at-
ten-

tendant le bon tems, étoit de
ramaſſer des coquillages qui
ſont fort abondans dans ces
quartiers. Rien de plus amu-
ſant & de plus récréatif ! il
faut, je crois avoir pris ce plaiſir, pour le connoître. La variété infinie, la beauté, le mé-
rité des objets (j'entens celui
que leur prête une imagination
plus ou moins fantaſque) vous
mettent à chaque inſtant dans
l'indéciſion & l'embarras du
choix. Là une coquille d'Ourſin
le diſpute par la délicateſſe de ſa
cizelure, en forme de filigrane,
à la nacre des Limaçons, &
aux nuänces de mille autres,
toutes plus belles les unes que
les autres. Vous quittés celle-
ci,

ci, pour celle-là, & souvent à quatre pas, vous repentés vous de la préférence. Il n'est cependant rien de si charmant qui n'enuie à la fin, nous étions après cinq jours si saouls de coquilles, que nous ne deignâmes pas en conserver une seule : enfin un petit frais qui s'éleva le sixiéme au matin, nous fit courir à l'embarquement. Nous traversâmes l'embouchûre du Rhône, & mouillâmes à Cette, sans avoir éprouvé d'autre danger que la vuë d'une Escadre Angloise qui donnoit la chasse à quinze à vint Barques Catalanes, qui allérent se mettre à l'abri dans la rade de Marseille.

Cette

Cette est une petite Ville bâtie en amphithéatre sur le penchant d'une montagne, a l'embouchure du celebre Canal de Languedoc. Je trouvai à mon arrivée une barque prête à partir pour Besiers, & sur laquelle je montai sans retardement.

Le Canal de Languedoc dont je commençois la navigation, passe, en sortant de Cette, à travers un vaste Etang, au milieu du quel son lit est tracé par deux murailles parallelles. Rien de plus digne de la grandeur du Prince sous les auspices du du quel on l'a construit, rien de plus digne du génie & de la capacité de l'entrepreneur, que ce magnifique ouvrage.

On

On ne parlera jamais de Louis le Grand, & des miracles de son règne, qu'on ne nomme Mr. de Riquet, en faisant mention du hardi dessein, & de l'heureuse exécution de joindre les deux mers … mais poursuivons notre route.

Après douze heures de navigation, nous abordâmes à Béfiers, c'est où commencent les barques deposte reglées.

Le Canal qui depuis Cette a coulé dans des vallons s'éléve devant cette Ville, sur le haut pays, à la hauteur de plus de cent pieds, à l'aide de huit à dix écluses Je n'entreprens point d'ennuyer mon lecteur par un recit circonstancié de tous

tous les tours & détours
qu'il forme pour suivre le niveau ; je me contenterai de
l'assurer que rien n'est plus
beau que le pays qu'il traverse,
& que nombre de jolies Mai-
sons sont bâties sur ses bords.
Je ne prétens point non plus
faire une litanie de tout ce que
j'ai vû de curieux, & le traduire
en journal ; on sçaura seulement que l'Ingénieur parois-
sant se joüer des difficultés, &
braver les obstacles de la Nature, après avoir élevé les eaux à la
hauteur que nous venons de
dire, à fait voir que rien ne
l'embarrassoit, & qu'il avoit
d'autres ressources que de sçavoir monter & descendre ; il à
percé

percé une chaine de montagne d'outre en outre, ouvrant ainſi un paſſage à ſon canal, toûjours au niveau du pays. Le rocher eſt taillé en voute, & revétu de pierre de taille, mais pour faire voir qu'il pouvoit ſe paſſer de cet ornement, le roc ſe montre à nud vers l'une des extrémités, & vous préſente un aspect, qui tout ruſtique qu'il eſt, n'en eſt pas moins agréable aux yeux. Que de prodiges de l'art! Là c'eſt un aqueduc qui porte le canal au deſſus d'un profond vallon, en forme de boyau, & vous fait voguer plus de cent pieds au deſſus d'une riviére qui coule entre ſes arches, & vous pré-

ſen-

fente un précipice. Plus loin
c'eſt une autre riviere qui cou-
lant au niveau du canal, le tra-
verſe, ſans interruption de ſon
cours. Enfin c'eſt d'un autre
coté un vaſte baſſin qui con-
tient les eaux qu'on doit fournir de tems en tems, & par le
moyen du quel on le deſſeche
quand on veut le nétoyer.
Tels ſont les miracles, & beaucoup d'autres qu'on peut voir
en ſuivant cette route, qui ne
laiſſe pas que d'ennuyer, ſi
l'on n'y trouve un remede dans
la bonne humeur de la compagnie. Jugés de celle où j'é-
tois.

D'abord c'étoit un jeune Abbé de qualité, tout frais ſorti
E

du

du college , & qui crioit miracle fur tout. Il fe frayoit la
connoiffance du monde , par
la lecture des contes de la Fon-
taine , qui le faifoient fouvent
éclatter de rire , & qu'il com-
mentoit théologiquement à nos
Dames.

Après lui venoit une vénérable Matrone , qui le chapel-
let à la main , le damnoit chrétiennement lui & fon auteur ,
& nous racontoit les faintes
rêveries de fon miftique Directeur . . . lors que l'Abbé lui
en donnoit le tems , car c'é-
toit lui qui étoit le principal
interlocuteur ; & en quatre
jours de tems , il nous paffa
en revuë toutes les jolies fotti-
fes

fes de l'inimitable auteur de Joconde.

A coté de la dévote, étoit une jeune & grande fille, fa niéce, qui fembloit à peine fentir fon exiftence. Imaginés vous d'abord un vifage ovale, & parfaitement régulier, les plus beaux yeux, mais les plus muets du monde, une belle bouche qui fçait à peine foûrire ... enfin repréfentés vous Vénus fans les Graces. Un vafte mouchoir couvroit les tréfors de fa gorge, dont l'élafticité rapide fembloit feule de tout fon *individu*, être fenfible aux fermons de Mr. l'Abbé, qui la re-

 gar-

gardoit toujours aux beaux endroits.

Sur le même banc, & pour plus proche voisin de la grande fille, étoit un de ses originaux, dont l'art & le bel esprit est de parler beaucoup, sans sçavoir ce qu'ils disent : ignorans même les termes les plus communs & les plus usités, ce n'est que pour les estropier qu'ils les prononcent : Celui-ci nous en dit des meilleurs à différentes reprises. On parloit de la superbe Maison de la Mosson & de ses meubles… „ Male peste ! dit-il, „ elle apartient à un homme „ puissamment riche, & bien

„ en

,, en état de l'acommoder ;
,, pour nous autres pauvres
,, Gentilshommes , si nous a-
,, vions de semblables *estafila-*
,, *des* d'apartemens , nous fe-
,, rions obligés de les tapiffer
,, de *bergamotte* . . . que vous
dirai-je . c'étoit le fecond tome
de Mr. B**** qui difoit un jour
à M^e. de R**, lorfqu'elle lui
montroit dans fa nouvelle
Maifon , fa chambre de para-
de : cela eft fort beau Madame,
bien *étendu* , bien *vuidé* , c'eft
dommage pourtant que vos
nombrils ne foyent pas dorés.

Laiffant là le refte de nos
compagnons de voyage , j'a-
borderai tout d'un coup à
Touloufe , d'où je partis pour

Bor-

Bordeaux toujours par eau

Notre compagnie dans cet-
te nouvelle voiture, ne fut pas
des plus nombreuſes: trois Officiers, deux garçons mar-
chands, une jeune Dame, avec
une Gouvernante, une rour-
rice & ſon enfant la formoient.
Quelque petite qu'elle fut, elle
fit cependant deux bandes; je
fûs de celle de la jeune Dame, ce
qui penſa cauſer du trouble, m'é-
tant trouvé obligé de prendre
ſon parti contre l'inſolence d'un
des courtauts de boutique,
qui pour donner à rire à Mrs.
les Officiers, s'embloit s'ê-
tre chargê de l'employ de bouf-
fon. Ses lardons peu ſpiri-
rituels tombérent d'abord ſur
la vieille Gouvernante, puis
ſur

fur la nourrice. Nous en rîmes, car en voyage, où l'on
ne veut que s'amufer & fe dif-
traire, on rit de tout; mais
continüant fur la maîtreffe, &
pouffant même fes bavarderies
jufques fur une autre perfonne
qui me touchoit de près, mais
que je n'ai pas fait connoître
jufqu'ici ; je fûs obligé de le
menacer poliment de le jetter
à la riviere, pour l'obliger à
nous laiffer tranquilles.

Le Lecteur fera peut-être
bien aife de connoître l'objet
pour qui je venois de faire
le Dom Quichotte ; qu'il fe
figure donc un de ces petits
vifages de fantaifie, une gorge, une taille... un habit de
voyage d'un poû de foye, un

man-

mantelet bleu chamarré d'un raiſeau d'argent, avec un titre de Miledi, femme de Milord Otw** ; c'en étoit aſſés pour encourager mon zèle pour le beau ſexe, & ne pas ſouffrir les groſſiéretés du Garde-magazin. Elle venoit diſoit-elle à Bordeax pour faire ſes couches plus commodément, & attendre ſon mari qui étoit encore à Bagnéres pour quelque tems.

Cette petite bouraſque nous procura le calme pour le reſte de notre voyage, à la fin duquel mon premier ſoin fut de chercher un apartement commode à Miledi, dont je ne tardai

dai pas à connoître toutes les qualités.

je fûs visité aussitôt après mon arrivée, & un de mes futurs confreres reconnut chés moi Miledi pour la Manon, à qui Milord, dont elle usurpoit le nom, venoit de donner du pied au cul pour ses petites infidelités journaliéres ; c'est ce que nous aprimes par le recit de son histoire qu'il l'engagea de nous faire.

Histoire DE LA MANON.

L'Article de mes parens sera fort succinct, ne sachant point quel a été mon

Pere ; & ma Mere qui étoit une de ces filles *de leurs droits ufantes & joüiffantes*, n'ayant jamais fçû elle même à qui me donner en confcience ; quoiqu'elle fit honneur de ma naiffance à chacune de fes pratiques en particulier. Quoi qu'il en foit, elle m'éleva fort bien, à fa maniére, par les fecours que lui fourniffoient tous ceux qui fur fa parole, s'imaginerent avoir contribué à mon individu. Un vieux Marquis qui s'en flattoit plus qu'un autre, je ne fçai pas pourquoi, me fit mettre au couvent à l'age de douze ans, & pourvût abondamment à mon entretient. Je paffai trois

ans

ans dans cette retraitte , ou j'acquis bien des connoiſſances qu'on n'attendroit pas d'une ſemblable école. La mort du vieux Marquis , & le beſoin que ma mere commencoit à avoir de moi , m'en firent ſortir en quelque façon plûtôt que je n'aurois déſiré,

Je parûs donc dans le monde à l'âge de quinze ans , avec un petit air chiffon qui n'étoit point tout-à-fait à mépriſer, & avec tout le penchant poſſible au métier où l'on me deſtinoit. Ma mere avant de me produire, voulut me donner quelques inſtructions , mais elle connut bientôt que j'étois devenuë ſçavante au couvent elle en

fut

fut surprise, & craignit pour ses
interêts, que je n'eusse été plus
loin que la simple spéculation;
mais je la rassurai, & lui pro-
testai que j'étois encore toute
neuve, mes Compagnes n'a-
yant pas été capables de lever
le moindre échantillon : elle
fut satisfaïtte, & me procura
bientôt les moyens de goûter
un plaisir dont je n'avois eu
encore qu'une tres imparfaite
image : j'y pris goût, & mon
penchant m'en fit bientôt un
besoin si pressant, qu'il m'en
falloit de qui que ce fut. Ceci
ne vous donne peut-être pas
une trop bonne idée de moi,
vous me regardés comme une
autre Lays, mais que faire?

Aux

Aux néceſſités de la nature, il n'y à d'autre remedé que d'y obeir. J'ai paſſé depuis par tant de mains, que les noms ſeuls de mes amoureux formeroient une légende éternelle, c'eſt pourquoi j'en viens tout d'un coup à mon avanture avec Milord Otw**.

J'étois à Toulouſe depuis quelque tems, lorſque ce Seigneur vint y paſſer au retour d'Italie, pour gagner Bagnéres, y prendre les eaux, & retourner dans ſa Patrie. Il me vit à la Comédie, ma figure lui plût, il me dit, nous fûmes bientôt d'accord, & je le ſuivis aux eaux. Nous retournâmes l'hiver à Toulouſe, enfin

j'ai

j'ai vécu avec lui deux ans dans l'abondance & les plai- firs ; mais le dirai-je , je n'é- tois pas fatisfaitte , un feul homme n'étoit pas affés pour moi , auffi avois-je foin de lui donner grand nombre de fub- ftituts ; il s'en aperçut enfin , voici le fait.

J'avois lié connoiffance avec un Abbé qui s'étoit faufilé chés Milord : où diante ces animaux là ne fe fourent-ils pas ? Com- me il n'aimoit pas la chaffe , fondé fur l'axiome : *ecclefia nefcit fanguinem* : il me tenoit toujours compagnie , lorfque nos M^{rs}. prenoient ce plaifir. Un jour que nous étions feuls, a- près nous être alternativement

en-

ennuyés pendant deux heures
au trictac & au piquet ; l'Abbé qui favoit fur quel pied j'é-
tois avec Otw**, voulut tenter
fortune à un autre jeu. Il commença par loüer mon fein , &
en le louant, il y coula la main…
que vous dirai-je , il étoit en-
treprenant, j'étois foible à la
tentation, & d'un naturel fi
peu revêche , que je n'ai jamais pu refufer perfonne : a-
près cela vous jugés bien de
ce qui s'enfuivit. Que les
gens d'églife ont de talent !
L'Abbé fut fi content, que fes
vifites en devinrent plus fréquentes. Milord en prit quelqu'ombrage, & ne tarda pas à
s'éclaircir du fait. Affés maître

tre de son ressentiment pour
ne pas faire un impertinent é-
clat , il monte aussitôt dans son
cabinet , & un moment après ,
envoye un de ses gens remettre à l'Abbé le Billet suivant.

*Si j'avois sçû Mr. l'Abbé ,
que vous eussiés le cœur si suscep-
tible , je ne vous aurois pas ex-
posé à la tentation , mais la faute est faitte , il ne faut que la
réparer ; c'est pourquoi je me dé-
mets en votre faveur de tous mes
droits sur Manon , & vous l'a-
bandonne ; je la méprise trop ,
pour ne vous en pas faire présent ; ainsi je vous en charge dès
aujourd'hui : on gagne assés
quand on perd une coquette.*

Voilà me dit l'Abbé, des vers

à

à votre loüange, mais Milord
n'y penſe pas de vous donner
à moi , j'ai déja un Bénéfice
qui demande réſidence, & la
duplicité devient ſimonie : je
vais lui parler. Il partit en effet , mais ſans voir Milord.
Pour lui, il fit faire ſon équipage dès le lendemain, & prit la
route de Bayonne pour s'em-
barquer, après m'avoir laiſſé
quelqu'argent , un enfant à
nourrice & un au ventre: ne ſuis-
je pas bien avancée ? Mais je ne
me déſeſpere pas, j'ai de l'effronterie & un peu de voix, avec
ces talens, je ſuis réſoluë de
monter au théatre, & je ne puis
manquer d'y réuſſir.

C'étoit en effet le meilleur
parti qu'elle put prendre.

Dieux! combien cette hiſ-
toire me fit perdre le reſpect,

                au

au point de prendre à l'inſtant les derniéres libertés , & de me payer de mes ſoins généreux ſur la riviére. Qu'elle étoit habile! feu Lays de galante mémoire, auroit mis pavillon bas devant elle. Notre commerce ne fut pas de longue durée, & elle trouva tôt après ſes couches un armateur avec qui elle s'embarqua : ainſi le théatre perdit un ſujet qui n'auroit pas manqué d'augmenter la bonne odeur de ſa réputation.,. je reviens à moi.

Si*** ne fut pas plus Zèlé en ma faveur à Bordeaux qu'à Marſeille , & l'exécution de ma Piece fut renvoyée de jour en jour. Cependant en attendant qu'il lui plût de la faire repréſenter, je me préparai à goûter cet inexprimable plaiſir de

pa-

paroître en public, j'étudiai, & debutai dans Cinna par le rôle d'Augufte. Bien me prit d'avoir choifi cette trajédie, préférablement à toute autre, car je n'aurois pû venir à bout du premier acte, fi je n'euffe été affis, par le tremblement univerfel qui me prit.

Encouragé par ce premier fuccès, & pour m'enhardir, je jouai le plus fouvent qu'il me fut poffible. Cependant le jour de ma piece arriva enfin, & au moyen d'une annonce & d'une affiche emphazée, le jeu fut rempli, & j'eus autant d'aplaudiffemens qu'il y avoit de mains.

Je me félicitois d'une réüffite fi éclatante, & du profit qu'elle me raporteroit, ma Comédie ayant été redeman-

dée

dée fur le champ ; mais ayant aperçû de l'infidelité dans les comptes, je la retirai, & envoyai promener la troupe & la repréſentation promiſe, ce qui fit plus de tort à la Direction que ſi elle m'eut tenu un compte exact. Cette petite querelle m'obligea de prendre parti dans l Opera qui ſe relevoit alors, Si* m'ayant refuſé un engagement, parceque je n'avois pa voulu être ſa dupe. Six mois après la Comédie ſucceda à l'Opera ; ainſi je me vis enfin enrolé ſous les drapeaux de thalie ; mais que j'étois peu propre aux ménagemens de cette profeſſion.

J'avois une ſcene à concerter avec une actrice : je me rendis à cet effet chés elle, & après les premiers complimens,

mens, qui font d'ordinaire fort courts, entre fujets de la nation Comique, nous entrâmes en matiére; mais nous avions à peine commencé notre répétition, que nous fûmes interrompus par un jeune freluquet, qui vint d'abord embraffer ma donfelle, & lui prendre les tetons devant moi. Le perfonnage de commode ne me plaifant point, je demandai à mon petit Mr. fi ma préfence ne le génoit point; affés peu me repondit-il impertinemment, & en ricanant, au refte vous pouvés fortir, fi voulés, auffi bien ai-je quelque chofe à dire à Melle. & moi auffi répartis-je à mon tour, & de préférable à vos affaires, puis que le contentement du public en dépend.

F 3 C'eft

C'eſt autre choſe continüat-il
achevés, que je ne vous gêne
pas. C'eſt cependant ce que
vous faites, lui dis-je, & je ne
continûrai qu'après votre départ, je ne ſuis point homme à
garder tranquilement les manteaux; quand j'aurai fini, vous
pourrés retourner … mais Mr..
mais Mr…. ajoutai-je enpor-
tant la main ſur la garde mon
épée … L'Actrice qui j'uſ-
qu'alors avoit ri de nôtre diſpute, s'empreſſa de la terminer, & le conduiſit poliment à
la porte, en lui faiſant ſans
doute mille excuſes, & me
traittant peut-être de brutal;
mais j'eus ma revanche à ſon
retour, qu'elle le qualifia de
jeune fat qu'elle ne pouvoit
fouffrir, & à qui j'avois bien
fait de rabattre le caquet. Voilà

là à quoi l'on s'expose dans la profeſſion Comique, & à quoi ſe réduit cette brillante perſpeſtive dont j'étois enchanté depuis ſi long-tems. Que tous les Comédiens, gens d'honneur, s'examinent la-deſſus, & ſe rapellent combien de fois il leur eſt arrivé de faire dans les couliſſes un tres vilain métier.

Cependant mon apparition au Théatre me valut la connoiſſance d'une tres jolie Dame, qui me fit inviter d'aller chés elle, ſous prétexte de diriger une trajedie qu'elle devoit repréſenter avec des perſonnes de ſes amies, Mᵉ. G** me préſenta à ſon vieux mari, qui ne voyant que par les yeux de ſa femme, me reçût comme le meilleur & le plus ancien

cien

cien de ſes amis ; & dès ce
moment ſa table & ſa Maiſon
furent à mon ſervice.   La trajédie fut bientôt joüée, mon
éléve s'y diſtingua, & fut ſi
charmée des aplaudiſſemens,
qu'on lui donna , qu'elle ne
pût ſe tenir de m'embraſſer,
lorſque nous fûmes de retour
chés elle, où je ſoupai pour la
premiere fois, n'ayant pasvou-
lu juſqu'alors me rendre aux
preſſantes ſollicitations qu'on
m'en avoit faites, pour mieux
captiver l'eſprit du bon homme, par cette affectation d'un
diſcretion extrême.   Le repas
fut fort gay, & je lûs plus d'u-
ne fois dans les yeux de Me.
G***, que je ne ſerois pas long-
tems ſans être heureux. Je ne
manquai point depuis ce jour
d'aller tous les jours voir le

vieux

vieux Mr. G** qui fe crût extremement flatté de mon affi-
duité à lui faire ma cour, car
je ne manquois pas de l'affurer que fa converfation étoit
tout ce que je cherchois, &
ce qui me conduifoit ches lui;
il en étoit fi perfuadé, qu'il
me demandoit mille pardons,
lorfque fes affaires l'appelloient
en ville; & qu'il recomman-
doit à fa femme de me regar-
der comme un autre lui même, cétoient fes propres termes, & elle y fut bientôt tres
obeiffante.

Nous étions dans les pre-
miers jours de l'été, la chaleur
commençoit à fe faire fentir,
& chacun y cherchoit des re-
médes. Mr. G** étoit à la
compagne pour quinze jours.
Dans ces circonftances je me

                    ren-

rendis à fon logis à mon ordinaire, & fans me faire annoncer, par ce que j'étois fur le
pied d'ami & d'homme fans
conféquence, je montois à l'a-
partement de Madame, lorfque je rencontrai fa femme de
chambre qui me dit en riant,
que fi c'étoit fa maîtreffe que
je demandois, elle étoit au jardin à prendre le frais, j'y portai mes pas auffitôt, & la
trouvai dans un cabinet de
myrthe, mais en quel état, o
ciel! Acteon ne fut pas plus
furpis de rencontrer Diane au
bain que je fûs, elle étoit
dans la même occupation.
Bien me prit que les Mortelles
ne font pas auffi malfaifantes
que les Déeffes. Quoiqu'il en
foit, ma belle Maîtreffe parût
honteufe, mais la prenant
auffi-

auffitôt dans mes bras ; je la couvris de tant de baifers qu'elle auroit eu tort de fe croire encore nuë.

Je l'avois cependant portée fur un lit de repos qui occupoit un coin du cabinet, & cimétrifoit avec un canapé, l'un & l'autra de gazon : Dieux! qu'elle me parut belle! Je me hâtai de me précipiter dans fes bras , un torrent de délices nous innonda, la force du fentiment ne nous permit plus de rien fentir, nos feuls foupirs prouvoient que nous joüiffions encore de la vie.

Revenus de l'excès de plaifir où nous avions été plongés, ma compagne ofoit à peine lever les yeux fur moi, une rougeur éclatante couvroit tout fon vifage. Je ne pûs

fou-

fouffrir la honte où je la voyois, je me jettai à fespieds, & embraffant fes genoux avec ardeur, je lui jurai une difcretion & une fidélité à toute épreuve. Elle fe tranquilifa, & m'arrêtant à fouper , je n'eus pas de peine à en obtenir la permiffion de remplir la place de fon vieux mari, moyennant quelques précautions pour éblotir les yeux des Domeftiques.

Notre commerce dura autant de tems que je reftai à Bordeaux, d'où je partis pour retourner à Touloufe avec toute la troupe. Comme je n'écris point un autre roman comique, je ne vous dirai rien de notre voyage, qui fut bien & mal, fuivant l'ufage.

Cependant je me dégoûtois
cha-

chaque jour du Théatre, à me-
fure que je le connoiffois mieux;
autant j'avois eu d'empreffe-
ment, autant je regrettois la
démarche que j'avois faitte; &
quoique j'euffe l'avantage d'y
être avec agrément, cette profeffion ne me paroiffoit propre
qu'à des cœurs lâches; je
trouvois indigne d'un homme
de courage d'aller s'abbaiffer
à mille contorfions, à mille gef-
tes differens, pour en divertir
d'autres; car à quoi, par exemple, ne doit pas fe plier celui qui jouë les roles Comiques,
pour exciter le *brouhaha*, &
s'attirer les ris de la populace
du parterre. Qu'un tel homme réflechiffe un moment fur
ce qu'il fait tous les jours, &
pourqui il le fait, qu'il exa-
mine de fang froid quel eft ce

re-

redoutable parterre qu'il en-
cenſe ſi prodigieuſement, &
pour qui il ſe proſtituë ſi indi-
gnement. Ce n'eſt pour l'ordinaire, que la jeuneſſe turbu-
lente d'une ville, incapable de
diſcerner le vrai, du faux brillant, et qui préférera toujours le jeu farcé d'Arlequin,
aux ſolides beautés du Théatre François, & Loin ** à
Dug **.

C'eſt un Négotiant, qui tout
occupé de ſon commerce, vient
au ſpectacle, aſſuré d'y trouver quelqu'un de ſes confreres, pour s'entretenir de leurs
chargemens. C'eſt un Avo-
cat qui s'y abouche avec ſa
partie adverſe, & qui ne fait
qu'aller de la ſalle au caffé, &
du caffé à la ſalle. C'eſt un
Officier qui ſe tenant à peine
ſur

sur ses pieds, vient exhaler les
fumées vaporeuses d'une di-
gestion tardive. C'est enfin
une troupe de gens qui font le
contraire de ce qu'ils viennent
faire, qui ne rient que par é-
cho, & lorsqu'un autre leur
en donne le signal, & qui à la
de la Piece, décident de son
mérite, & de celui de l'Acteur,
sans avoir rien vû, ni enten-
du : doit-on être fort flatté
d'avoir de tels apprétiateurs ?
Je sçai qu'il est de véritables
connoisseurs au parterre ; mais
ce ne sont pas d'ordinaire ceux
qui parlent le plus haut.
Sont-ils contens ? Vous le di-
stingués à leur visage, & à leur
attention ; c'est le cœur, c'est
l'esprit qui écoute chés eux,
& voilà ce qu'il faut désirer : je
ne

ne connois point de plus doux & de plus agréables aplaudiſſemens que le ſilence & l'attention des auditeurs . . revenons.

La troupe en général ne fut point goutée, j'en dirai les raiſons dans la *quatriéme partie*, qui dévoilera le caractére de l'eſprit Comique.

MARI SURGIT AB ALTO.